エジソン
はじまるよ!

人物《じんぶつ》ガイド
エジソン

世《せ》界《かい》をどう変《か》えたの？

めくってね

エジソンってこんな人《ひと》

1851
エジソン 4歳《さい》

1878
エジソン 31歳《さい》

1862
エジソン 15歳《さい》

トーマス・アルバ・エジソン

生年月日《せいねんがっぴ》 1847年《ねん》2月《がつ》11日《にち》生《う》まれ

職業《しょくぎょう》 発明家《はつめいか》

一生《いっしょう》の間《あいだ》に、約《やく》1000以上《いじょう》もの発明《はつめい》をして、みんなのくらしを、べんりにした人《ひと》なのです。

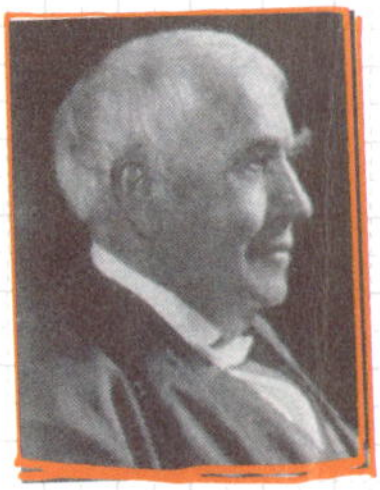

1924
エジソン 77歳《さい》

エジソンの活《かつ》やくした場所《ばしょ》

アメリカのミランという町《まち》で生《う》まれたエジソン。大人《おとな》になってからメンロパークやウエストオレンジという場所《ばしょ》に研究所《けんきゅうじょ》をつくったよ。

このお話《はなし》に出てくるおもな場所《ばしょ》▶

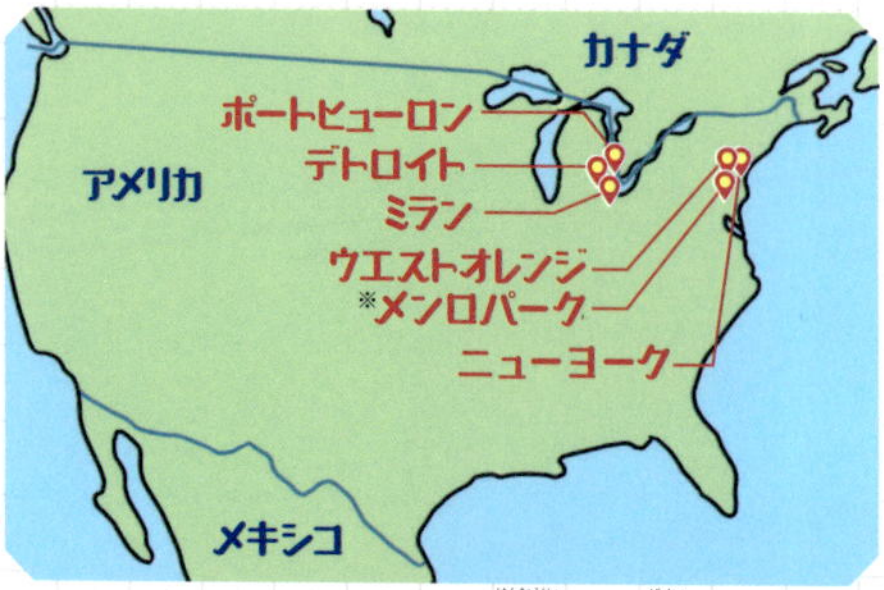

※メンロパーク研究所《けんきゅうじょ》のあった場所《ばしょ》をしめしています。

昼《ひる》に変《か》えてしまった!!

エジソンは、「電球《でんきゅう》」という新《あたら》しい光《ひかり》を、くらしにとりいれました。

エジソン

文／早野美智代
絵／脚次郎

Gakken

エジソンの「魔《ま》法《ほう》」は

たとえば、今《いま》から150年《ねん》ほど前《まえ》の、ある通《とお》り。
夜《よる》の町《まち》は、まだ暗《くら》かったのです。

めくってね

エジソンの生《い》きた時《じ》代《だい》

今《いま》、身《み》の回《まわ》りには、
電《でん》話《わ》も、車《くるま》も、
あたり前《まえ》のように
あるよね。
でも、エジソンの
生《う》まれたころ、
それらのものは、
まだなかったんだ。

1800年代後半《ねんだいこうはん》のアメリカの町《まち》なみ。まだ馬車《ばしゃ》が、おもな交通手段《こうつうしゅだん》だった。

©写真:TopFoto/アフロ

有名《ゆうめい》な「自由《じゆう》の女神《めがみ》」像《ぞう》は、このころに完成《かんせい》。人《ひと》びとは新《あたら》しい時代《じだい》を、ゆめみていたんだ。

©写真:GRANGER.COM/アフロ

そのころ（明治時代《めいじじだい》）の日本の京都《きょうと》の様子《ようす》。京都《きょうと》はエジソンの電球《でんきゅう》と深《ふか》い関係《かんけい》があるよ。
※くわしくは本文《ほんぶん》を読《よ》んでね!

©京都府立京都学・歴彩館 京の記憶アーカイブ

新《あたら》しい光《ひかり》で、夜《よる》を

くらしをかえた エジソンの発《はつ》明《めい》品《ひん》

その1 白《はく》熱《ねつ》電《でん》球《きゅう》

それまであった白《はく》熱《ねつ》電《でん》球《きゅう》を、くらしに使《つか》えるよう、くふうしたのがエジソン。1879年《ねん》、はじめて電《でん》球《きゅう》を、やく40時《じ》間《かん》光《ひか》らせることに成《せい》功《こう》したんだ。

写真：Science Museum/Science & Society Picture Library/アフロ

その2 蓄《ちく》音《おん》機《き》

音《おと》を記《き》録《ろく》して、再《ふたた》び流《なが》す……そんなこと、魔《ま》法《ほう》だと思《おも》われていたけどエジソンは、それができる機《き》械《かい》を発《はつ》明《めい》したよ。

©（公財）バンダイコレクション財団

エジソンの会《かい》社《しゃ》からも……

その3 ドールキッチン

おままごと用《よう》なのに、なんと本《ほん》当《とう》に調《ちょう》理《り》できるのが、さすがエジソン！　むすめが喜《よろこ》ぶものを、と作《つく》ったんだって。

©（公財）バンダイコレクション財団

©（公財）バンダイコレクション財団

その4 せんぷうき

今《いま》あるせんぷうきに近《ちか》いものだね。羽《はね》は金《きん》ぞく製《せい》で重《おも》かったようだ。

©（公財）バンダイコレクション財団

その5 トースター

同《どう》時《じ》に2まいやけるスグレモノ。

などなど、たくさんある発《はつ》明《めい》の、ほんの一《いち》部《ぶ》だよ。

この本《ほん》に出《で》てくる人《ひと》たち

親子《おやこ》

親子《おやこ》

サミュエル

アルのお父《とう》さん。元気《げんき》な人《ひと》で、
アルの元気《げんき》もお父《とう》さんゆずり。

アル（エジソン）

なんにでも
興味《きょうみ》をもつ男《おとこ》の子《こ》。

ナンシー

アルのお母《かあ》さん。
いつでもアルの味方《みかた》。

エジソン少年時代《しょうねんじだい》

運命《うんめい》の出会《であ》いをへて……。

マッケンジー駅長《えきちょう》

ジミー

エジソン発明王《はつめいおう》へ！

親友《しんゆう》

夫婦《ふうふ》

のちに夫婦《ふうふ》

フォード

エジソンをそんけい
している「自動車王《じどうしゃおう》」。

エジソン

数《かず》かずの便利《べんり》なものを
つくった「発明王《はつめいおう》」

メアリー

エジソンの奥《おく》
さん。わかくし
てなくなる。

マイナ

メアリーをなく
したエジソン
をはげます。

さまざまな出会《であ》いを通《とお》して、エジソンは、
どんな「発明王《はつめいおう》」になったのか？ 読《よ》んでみよう！

エジソン　もくじ

※この本《ほん》は、2018年《ねん》4月《がつ》現在《げんざい》での情報《じょうほう》にもとづいて構成《こうせい》していますが、内容《ないよう》によっては異《こと》なる説《せつ》もあります。また、人物《じんぶつ》の言葉《ことば》や一部《いちぶ》のエピソードについては、設定《せってい》や史実《しじつ》をもとに想定《そうてい》したものになります。挿絵《さしえ》は史実《しじつ》にもとづきながらも、小学生《しょうがくせい》が楽《たの》しめるよう、親《した》しみやすく表現《ひょうげん》しています。

1 ききたがりの男《おとこ》の子《こ》

一八四七年《ねん》、アメリカに、エジソンという人《ひと》が生《う》まれました。エジソンは、一生《いっしょう》のあいだに千以上《せんいじょう》もの、発明《はつめい》をし、「発明王《はつめいおう》」とよばれた人《ひと》です。今《いま》のわたしたちのくらしには、エジソンの発明《はつめい》がもとになっているべんりな物《もの》が、たくさんあります。

これほどたくさんの発明《はつめい》をしたエジソンとは、いったいどんな人《ひと》だったのでしょう。子《こ》どもの時《とき》は、どんな子《こ》だったのでしょう。そして、どうしてこんなに、多《おお》くの発明《はつめい》ができたのでしょうか。

アメリカの小《ちい》さな町《まち》ミラン。おかの上《うえ》の家《いえ》から、小《ちい》さな男《おとこ》の子《こ》がとびだしてきました。両手《りょうて》を広《ひろ》げて、おかを転《ころ》がりおちるほどのいきおいで、かけおりてきます。もうすぐ川《かわ》というぎりぎりの所《ところ》で、男《おとこ》の子《こ》はズズズーとすべりながら、止《と》まりました。

男《おとこ》の子《こ》の名前《なまえ》は、トーマス・アルバ・エジソン。みんなに、アルとよばれていました。

川《かわ》のそばでは、いろいろな人《ひと》たちがはたらいています。たくさんの荷物《にもつ》をかついで運《はこ》んでいる人《ひと》、木《き》をけずっている人《ひと》、大《おお》きなかなづちでトントン打《う》ちつけている人《ひと》。

アルは、それを見《み》るのが、おもしろくてたまりません。そばにかけよって、仕事《しごと》をしているおじさんたちにたずねます。

「どうして、その木《き》をけずってるの？」

やさしいおじさんは、仕事《しごと》の手《て》を止《と》めて答《こた》えてくれます。

「どうしてかって？　それは、船《ふね》を作《つく》るためさ。」

「船《ふね》のどこに、それを使《つか》うの？」

「その木《き》を、どうやってくっつけるの？」

「船《ふね》は、いつできるの？」

アルのききたがりは、止《と》まりません。いそがしいおじさんたちには、アルの相手《あいて》をしているひまはありません。

「あっちで遊《あそ》んでろ。じゃまじゃま！」

追《お》いはらわれたアルは、今度《こんど》はべつのおじさんの所《ところ》へ行《い》って、また、たずねます。そこでもじゃまにされると、また、べつの所《ところ》へ。

アルは、川《かわ》べりをうろちょろと走《はし》りまわります。

「ほらほら、そっちは、あぶないぞ！」

おじさんがそういったとたん、アルはポチャンと川《かわ》へ落《お》ちてしまいました。

「やれやれ！」

おじさんたちは、川《かわ》からアルをすくいあげました。そして、同《おな》じ川《かわ》のそばでせいざい所《しょ》*をやっている、アルのお父《とう》さんの所《ところ》へつれていきました。

お父《とう》さんは、とどいたばかりの木《き》を、荷車《にぐるま》からおろしているところです。

「おい、もう一《ひと》つ、とどけものだよ。」

おじさんは、頭《あたま》からくつまでぐっしょりぬれたアルを、お父《とう》さんの前《まえ》におしだしました。アルは、びしょぬれの顔《かお》で、「えへへ」とわらっていました。

＊せいざい所《しょ》…山《やま》や森林《しんりん》から切《き》り出《だ》した木《き》を、板《いた》や角材《かくざい》などの材木《ざいもく》に加工《かこう》する工場《こうじょう》。

2 ガチョウのたまご

アルには、お姉《ねえ》さんが二人《ふたり》、お兄《にい》さんが一人《ひとり》いましたが、三人《にん》ともアルとは十歳《さい》以上《いじょう》も年《とし》がはなれていました。だからアルは、小《ちい》さいころから、一人《ひとり》っ子《こ》のように、一人《ひとり》で遊《あそ》んだり、おもしろいことを見《み》つけたりしていました。いつものことなので、お母《かあ》さんは、アルのすがたが見《み》えなくても、あまり心配《しんぱい》しません。

「またどこかでおもしろいことを見《み》つけて、夢中《むちゅう》になってるんだわ。おなかがすけば、帰《かえ》ってくるでしょう。」

そう思《おも》って、お昼《ひる》ごはんのしたくをしていました。

そのころアルは、物置小屋《ものおきごや》のわらの上《うえ》にいました。うつぶせになって、おなかの下《した》には、ガチョウのたまごがありました。

「たまごを温《あたた》めれば、ひなが生《う》まれるんだものね。早《はや》く、ひなにならないかなあ。」

やわらかいわらの上《うえ》は、ふかふかのベッドみたいです。気持《きも》ちよくなったアルは、だんだんねむくなってきました。そして、いつのまにか、すやすやと、ねむってしまいました。

そのころ、お母《かあ》さんは、だんだん心配《しんぱい》になってきました。

「おなかがすけば帰《かえ》ってくるはずなのに、どうしたのかしら。もうとっくに、お昼《ひる》ごはんの時間《じかん》はすぎているのに。」

家《いえ》の中《なか》を全部《ぜんぶ》さがしても、すがたは見《み》えません。

庭《にわ》にも、道路《どうろ》にも
いません。
「もしかして！」
お母《かあ》さんと
お父《とう》さんは
物置小屋《ものおきごや》に
やってきました。
そして、わらの
上《うえ》でぐっすりねむっ
ているアルを見《み》つけ
ました。

「まあ、かぜをひくわ。起《お》きなさい、アル！」

目《め》をさましたアルは、おなかの下《した》のガチョウのたまごを見《み》てみました。さっきとおなじ、たまごのままです。アルは、ふまんそうにお母《かあ》さんにいいました。

「おかしいね。ちっともひなにならないよ。どうして？」

一生《いっしょう》けん命《めい》な目《め》をしたアルに、お母《かあ》さんもまた、まじめな顔《かお》で答《こた》

えてくれました。

「そうねえ、うまくいかなかったけど、考《かんが》えてみることはすばらしいわ。どんなことでも、ためしてみなければわからないものね。これからも、いろんなことを、何度《なんど》でもためしてごらんなさい。きっと、うまくいくこともあるわ。」

「うん、そうだね！」

アルは、こんなお母《かあ》さんが大《だい》すきでした。

3 おうちが学校《がっこう》

アルが七歳《さい》の時《とき》、それまで住《す》んでいたミランから、北《きた》にあるポートヒューロンという町《まち》にひっこしました。そして、その町《まち》の小学校《しょうがっこう》に行《い》くことになりました。

学校《がっこう》でも、アルは、あいかわらずのききたがりやです。

「一に一を足《た》すと、二になる。わかったかね？」

先生《せんせい》が、算数《さんすう》の時間《じかん》に、黒板《こくばん》に書《か》きながら、いいました。すると、アルはさっと手《て》をあげて、たずねました。

「どうして、そうなるの？　いつも、そうなるのですか？」

すると先生《せんせい》は、えんぴつを出《だ》していいました。

「いいかい？　えんぴつがこっちに一本《ぽん》、こっちにも一本《ぽん》。合《あ》わせると、ほら、一、二。二本《ほん》になるだろう？」

「はい、それはわかりますけど……。だけど二にならない時《とき》もあります。一《ひと》つのねんどと一《ひと》つのねんどをくっつけると、大《おお》きな一《ひと》つになるもの。二にはなりま

せん。」

クラスの友《とも》だちは、どっとわらいました。アルは、本当《ほんとう》にふしぎに思《おも》ったので、どうしてみんながわらうのか、わかりません。先生《せんせい》はおこったような顔《かお》をして、ふうっとため息《いき》をつきました。

アルは、いつもこんなふうに、先生《せんせい》に質問《しつもん》ばかりしていました。

そのたびに、クラスの勉強《べんきょう》が、とちゅうで止《と》まってしまいます。

ある日《ひ》、先生《せんせい》はとうとうおこって、こういいました。

「君《きみ》には、もう教《おし》えられない！　学校《がっこう》には来《こ》なくてよろしい！」

勉強《べんきょう》も学校《がっこう》もすきなアルは、悲《かな》しくなってしまいました。

アルは、学校《がっこう》から、なきながら家《いえ》に帰《かえ》りました。話《はなし》を聞《き》くと、しばらく考《かんが》えていたお母《かあ》さんは、心《こころ》を決《き》めたようにいいました。

「先生《せんせい》とお話《はな》ししてきます。あなたはおうちで待《ま》ってなさいね。」

お母《かあ》さんは、足音《あしおと》もあらく、でかけていきました。

そして、帰《かえ》ってくると、テーブルにドスンとバッグをおいて、おこったようにいいました。

「もう学校《がっこう》には行《い》かなくてもいいわ。わたしが教《おし》えます！」

お母《かあ》さんは、けっこんする前《まえ》、先生《せんせい》をしていました。子《こ》どもに教《おし》

えるのは得意《とくい》です。それも、ただおぼえさせるだけの教《おし》え方《かた》ではありません。その子《こ》が何《なに》がすきかということを、一番《いちばん》に考《かんが》えてくれる人《ひと》でした。

「アル、この中《なか》で、おもしろいと思《おも》う本《ほん》から先《さき》に、読《よ》んでごらんなさい。」

お母《かあ》さんは、アルのために、たくさんの本《ほん》を用意《ようい》してくれました。れきしの本《ほん》や物語《ものがたり》、ずかんなどもあります。

「へえ、おもしろそう！　絵《え》だけ見《み》ても、いいんだね。」

アルはまだ、字《じ》を全部《ぜんぶ》読《よ》むことはできませんでした。

「そう、絵《え》だけでも楽《たの》しいものね。おもしろいと思《おも》った本《ほん》なら、先《さき》が読《よ》みたくなるから、読《よ》めない字《じ》や知《し》らない言葉《ことば》も、自然《しぜん》におぼえていくわ。」

楽《たの》しそうに本《ほん》のページをめくっているアルを、お母《かあ》さんはにこにこしながら見守《みまも》っていました。

4 実験《じっけん》、大《だい》すき！

アルが十歳《さい》になったある日《ひ》、お母《かあ》さんが、『自然《しぜん》と実験《じっけん》の教室《きょうしつ》』という本《ほん》を買《か》ってくれました。

「おもしろそうな本《ほん》よ。きっとすきになると思《おも》うわ。」

少《すこ》しだけ読《よ》んでみると、その本《ほん》には、アルがいつも感《かん》じているような、自然《しぜん》の中《なか》のふしぎなことや、おもしろい出来事《できごと》がたくさん書《か》いてあります。

「そうそう、そうなんだ！　ぼく、いつもふしぎに思《おも》ってたんだよ。」

毛糸《けいと》のセーターをぬぐ時《とき》、どうしてパチパチッと音《おと》がして、ピリピリいたい感《かん》じがするのか。ぐるぐるにまいたぜんまいが、どうやって人形《にんぎょう》やおもちゃの自動車《じどうしゃ》を動《うご》かすのか。かみなりは、どうしてピカッと光《ひか》って、ゴロゴロと音《おと》がするのか。

自分《じぶん》の気持《きも》ちとぴったりなので、アルは、大《おお》よろこびです。そして、その本《ほん》には、なぜそんなふしぎなことが起《お》こるのか、そのなぞをとく実験《じっけん》の仕方《しかた》が書《か》いてあります。

「お母《かあ》さん。ぼくの知《し》りたいことや、やりたいことが、みーんなこの本《ほん》に書《か》いてあるんだよ！　この本《ほん》、大《だい》すき！」

アルは、その日《ひ》から、この本《ほん》に夢中《むちゅう》になりました。本《ほん》に書《か》いてある実験《じっけん》を、一《ひと》つ一《ひと》つためしてみました。

「毛糸《けいと》のセーターは、ひつじの毛《け》でできてるけど、ねこの毛《け》でも、パチパチッてなるかなあ。よし、ためしてみよう！」

外《そと》へ出《で》てみると、ひなたでねこが昼寝《ひるね》をしています。アルは、そっと近《ちか》くに行《い》って、ねこの毛《け》をゴシゴシこすってみました。昼寝《ひるね》をじゃまされたねこにとっては、大《だい》めいわくです。ねこはぱっちり目《め》を開《あ》け、フーッとうなり、背中《せなか》の毛《け》をさかだてると、アルの手《て》をガリッと引《ひ》っかきました。

「いたーい！」

アルの実験《じっけん》は、大《だい》しっぱいでした。

でも、それくらいでくじけるアルではありません。

手《て》のきずに薬《くすり》をつけると、次《つぎ》は、ミルクを持《も》って、ねこの所《ところ》へ行《い》きました。

「ほら、おいしいよ。そのかわりに、ちょっとさわらせてね。」

アルは、ねこがミルクを飲《の》んでいるすきに、背中《せなか》の毛《け》をこすってみました。

「うん、やっぱり！　ねこの毛《け》でも、ちゃんとパチパチとなるんだ。」

アルは、ようやく満足《まんぞく》しました。そして、そのパチパチは静電気《*1せいでんき》というもので、電気《でんき》の仲間《なかま》の一《ひと》つであることを、学《まな》びました。

アルのつくえの上《うえ》には、小《ちい》さな発電機《*2はつでんき》がおいてあります。本《ほん》を見《み》ながら作《つく》った、かんたんな発電機《はつでんき》です。

「かみなりも、電気《でんき》の仲間《なかま》なんだよね。電気《でんき》って、おもしろいなあ。ふしぎだなあ。」

アルは、電気《でんき》というものに、とても興味《きょうみ》をもっていました。

アルは、『自然《しぜん》と実験《じっけん》の教室《きょうしつ》』という本《ほん》のおかげで、科学《かがく》の勉強《べんきょう》や実験《じっけん》が、大《だい》すきになりました。そして、ほかの科学《かがく》の本《ほん》も、たくさん読《よ》むようになりました。

＊1静電気《せいでんき》…二《ふた》つのちがう物《もの》をこすりあわせたときなどに現《あらわ》れる電気《でんき》。電流《でんりゅう》とちがって動《うご》かないことから「静（かな）電気《でんき》」という。＊2発電機《はつでんき》…じ石《しゃく》やコイルを使《つか》って電気《でんき》を生《う》みだす装置《そうち》。

5 小《ちい》さな科《か》学《がく》者《しゃ》

アルは、勉強《べんきょう》が進《すす》むにつれて、だんだんむずかしい実験《じっけん》をするようになりました。そうすると、実験《じっけん》の道具《どうぐ》やざいりょう、いろいろな薬品《やくひん》もだんだんふえてきて、おき場所《ばしょ》にこまります。それに、家《か》族《ぞく》といっしょだと、音《おと》やにおいなど、まわりにめいわくをかけることもあります。

「実験《じっけん》のための部屋《へや》が、あるといいなあ。」

アルがいうと、お母《かあ》さんがいいました。

「地下室《ちかしつ》の空《あ》いている所《ところ》を、使《つか》ったら？」

地下室《ちかしつ》には、今《いま》は使《つか》わない家具《かぐ》や、野菜《やさい》などの食料品《しょくりょうひん》がおいてあります。そのすきまに、まだ空《あ》いている場所《ばしょ》がありました。

「わあ、いいの？　うれしいな。よし、すぐに実験室《じっけんしつ》を作《つく》るぞ。」

使《つか》わない家具《かぐ》の中《なか》から、古《ふる》いつくえを引《ひ》っぱりだしました。まわりには、小麦粉《こむぎこ》のふくろや、さとうのつぼ、たまねぎ、じゃがいも、にんじんなどが、ずらりとならんでいます。でも、そんなことは、気《き》になりません。本《ほん》や実験《じっけん》の道具《どうぐ》を運《はこ》んできてきれいにならべ、そこへランプをおけば、立派《りっぱ》な実験室《じっけんしつ》です。

「うん、これで思《おも》いっきり、実験《じっけん》ができるぞ。なんだか、科学者《かがくしゃ》になったような気分《きぶん》だなあ。」

アルは部屋《へや》を見《み》まわして、大満足《だいまんぞく》です。

それから、いろいろな物《もの》を集《あつ》めてきて、実験室《じっけんしつ》にある、「大事《だいじ》な物《もの》」と書《か》いた箱《はこ》に、ためました。鳥《とり》の羽根《はね》、とうもろこしのくき、木《き》の実《み》なども、いつか実験《じっけん》の役《やく》に立《た》つかもしれません。

*りゅうさんなど、きけんな薬品《やくひん》は、お父《とう》さんにたのんで買《か》ってもらいました。

「アル、これはじゅうぶんに気《き》をつけて使《つか》うんだよ。」

アルは、そんな薬品《やくひん》はガラスのびんに入《い》れ、「毒薬《どくやく》」と書《か》いたラベルをはっておきました。

実験《じっけん》が進《すす》んでいくと、薬品《やくひん》や道具《どうぐ》も、次《つぎ》つぎと買《か》わなくてはなりません。新《あたら》しい本《ほん》も、読《よ》みたくなります。

「いつも、買《か》ってもらってばかりではいけないな。自分《じぶん》のお金《かね》で買《か》うようにしなくては。」

そこで、いいことを思《おも》いつきました。アルの家《いえ》には、うらに畑《はたけ》があって、いろいろな野菜《やさい》をつくっています。

「そうだ、野菜《やさい》を売《う》りにいこう！」

アルは、野菜《やさい》がぎっしりつまったふくろをかついで、町《まち》へでかけました。安《やす》くて、しんせんなので、アルの野菜《やさい》は、たちまち売《う》りきれになりました。

「もっとたくさん持《も》ってきてちょうだいな。あなたが来《き》てくれると、お店《みせ》まで行《い》かなくてすむから、べんりなの。」

お客《きゃく》さんに、そういわれました。

でも、アルの家《いえ》の畑《はたけ》は小《ちい》さくて、そんなにたくさんはとれません。

*りゅうさん…硫酸《りゅうさん》。強《つよ》い酸性《さんせい》の液体《えきたい》。金属《きんぞく》などをとかす。

「どうすれば、いいかな。もっと野菜《やさい》を用意《ようい》するには……。」

アルはまた思《おも》いつきました。近《ちか》くの農家《のうか》から野菜《やさい》を買《か》って、それより少《すこ》しだけ高《たか》いねだんをつけて売《う》るのです。そうすれば、高《たか》くした分《ぶん》が、アルのもうけになります。

農家《のうか》は野菜《やさい》が売《う》れるし、お客《きゃく》さんも「べんりだ」と、よろこんでくれます。

アルは、こうやって自分《じぶん》でお金《かね》をかせいで、実験《じっけん》にひつような物《もの》を買《か》いました。そして、実験《じっけん》をどんどんつづけていきました。薬品《やくひん》をめもりではかる手《て》つきや、まぜあわせてその色《いろ》を見《み》る目《め》は、もう一人前《いちにんまえ》の科学者《かがくしゃ》のようでした。

6 新聞《しんぶん》売《う》りのアル

アルの住《す》むポートヒューロンの南《みなみ》に、デトロイトという大《おお》きな町《まち》があります。アルが十二歳《さい》の時《とき》、ポートヒューロンとデトロイトの間《あいだ》を、鉄道《てつどう》が走《はし》るようになりました。

「デトロイトまで、列車《れっしゃ》だと、たった三時間《じかん》だって！」

「馬車《ばしゃ》とは、くらべものにならないな。べんりになったものだ。」

人《ひと》びとは、大《おお》よろこびです。

列車《れっしゃ》がはじめて走《はし》る日《ひ》、駅《えき》にはたくさんの人《ひと》が集《あつ》まりました。

黒《くろ》くて大《おお》きな車体《しゃたい》、ゴットンゴットンと回《まわ》る車輪《しゃりん》、もくもくふきだすけむり、空気《くうき》をふるわせるベルの音《おと》、耳《みみ》をつんざくような汽笛《きてき》＊の音《おと》。そのどれもが、集《あつ》まった人《ひと》びとの心《こころ》をうきたたせます。アルも、たちまち夢中《むちゅう》になりました。

「すごいなあ！　ぼくも、乗《の》ってみたいなあ。」

駅《えき》ではたらく人《ひと》たちもみんな、いきいきとしています。アルは、その中《なか》に、新聞売《しんぶんう》りのすがたを見《み》つけました。

そして、ひらめきました。

「新聞売《しんぶんう》りなら、ずっと列車《れっしゃ》に乗《の》っていられるし、お金《かね》も手《て》に入《はい》る！」

アルは、早速《さっそく》お父《とう》さんとお母《かあ》さんに、相談《そうだん》しました。

「朝早《あさはや》くから夜《よる》おそくまではたらくのよ。できるかしら。」

＊汽笛《きてき》…汽車《きしゃ》がじょう気《き》をふき出《だ》して鳴《な》らす音《おと》。

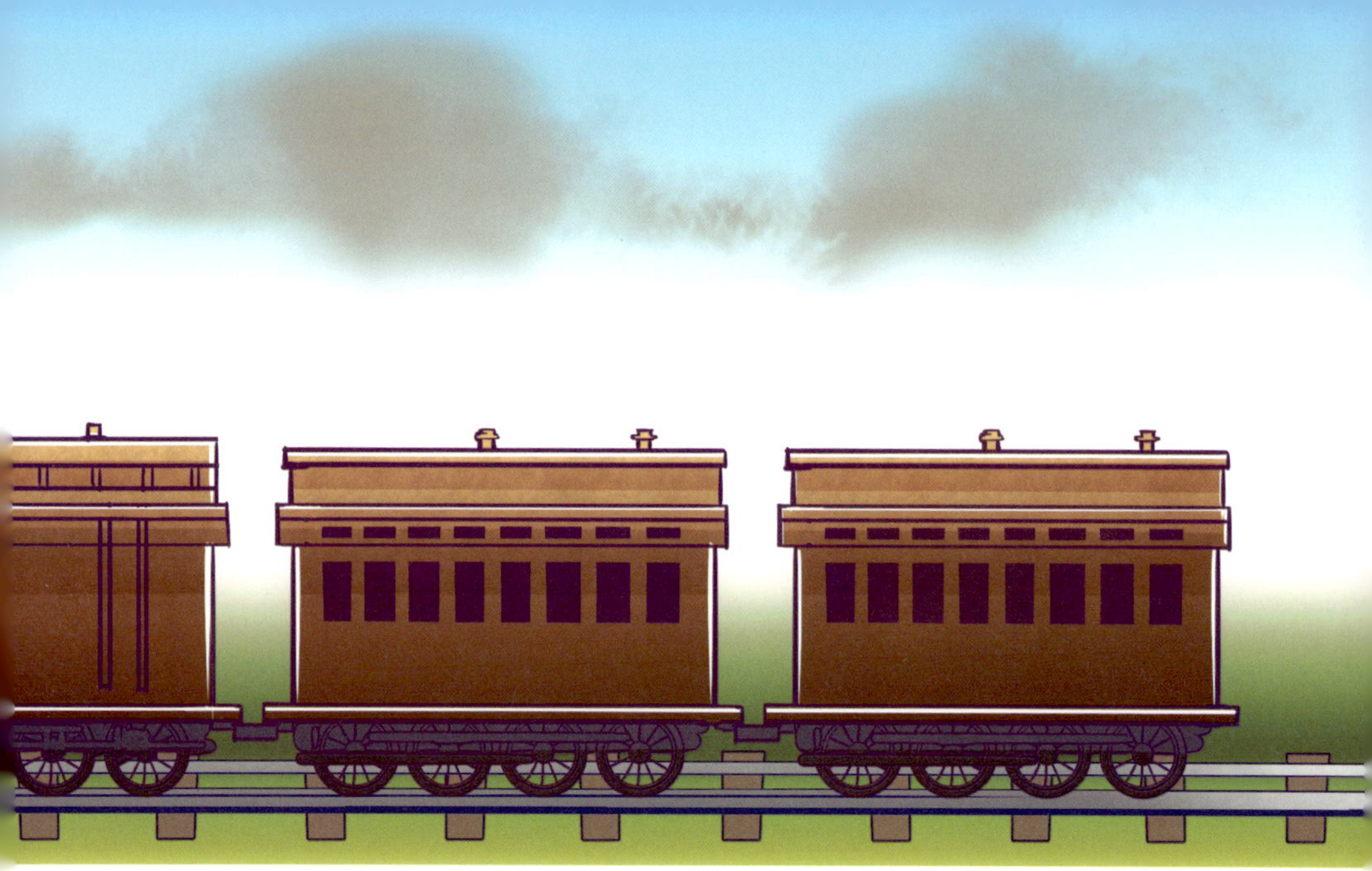

はじめは心配《しんぱい》していたお母《かあ》さんも、アルの熱心《ねっしん》なねがいに、とうとう、さんせいしてくれました。
アルは、新聞売《しんぶんう》りとして、はたらきはじめました。
「えー、新聞《しんぶん》、新聞《しんぶん》はいかが？　おいしいサンドイッチや、キャンディーもありますよ。」
かたに新聞《しんぶん》の入《はい》った重《おも》いふくろをさげ、首《くび》からは、平《ひら》べったい箱《はこ》をさげています。その箱《はこ》には、サンドイッ

チヤキャンディー、ピーナッツ、くだもの、たばこ、はがきまでならべてありました。

「ぼうや、新聞《しんぶん》をおくれ。あ、ピーナッツもな。」

「おーい、こっちにも、新聞《しんぶん》だ。」

アルは、なかなか人気者《にんきもの》でした。

売《う》りきれて足《た》りなくなる物《もの》もあるし、売《う》れのこってあまる物《もの》もあります。

「あしたは、もう少《すこ》し新聞《しんぶん》を増《ふ》やして、たばこはへらそう。」

そういうやりくりを考《かんが》えるのも、アルの仕事《しごと》でした。朝《あさ》七時《じ》にポートヒューロンを出《で》て、デトロイトに十時《じ》に着《つ》き、夕《ゆう》方《がた》また六時《じ》にデトロイトを出《で》ると、ポートヒューロンに夜《よる》の九時《じ》ごろ帰《かえ》ります。

行《い》きと帰《かえ》りの列車《れっしゃ》の中《なか》が、アルの仕事場《しごとば》でした。デトロイトに着《つ》いてから、夕方《ゆうがた》また列車《れっしゃ》が出《で》るまで、八時間《じかん》くらい自由《じゆう》な時間《じかん》があります。そこでアルは、デトロイトの青年《せいねん》クラブの図書室《としょしつ》に行《い》くことにしました。

「こんなにたくさん本《ほん》があるなんて、うれしいなあ。」

アルは、そこにおいてある本《ほん》を、かたっぱしから読《よ》みました。とうとう最後《さいご》には、ほとんどの本《ほん》を読《よ》んでしまったほどでした。

7 新聞《しんぶん》作《づく》り

アルは、列車《れっしゃ》の中《なか》で新聞売《しんぶんう》りをしながら、お客《きゃく》さんたちのおしゃべりを、毎日《まいにち》聞《き》いていました。

「この前《まえ》、列車《れっしゃ》の中《なか》でわすれ物《もの》したけど、まだ見《み》つからないんだよ。」

「あの駅《えき》の駅長《えきちょう》さん、今度《こんど》変《か》わるらしいぞ。だれになるのかな。」

「次《つぎ》の駅《えき》から、馬車《ばしゃ》は出《で》ているのかな？」

そんな話《はなし》を聞《き》いているうちに、アルはいいことを思《おも》いつきました。

「みんなが知《し》りたがるような、身近《みぢか》なニュースがのっている新聞《しんぶん》があればいいなあ。そうだ、それなら、ぼくが作《つく》ろう！」

思《おも》いつくと、すぐにやるのが、アルのせいかくです。

「新聞《しんぶん》を作《つく》るには、何《なに》がひつようかなあ。ええっと……あれとこれと……。」

アルは、いつも売《う》っている新聞《しんぶん》の会社《かいしゃ》にたのんで、いらなくなった活字《かつじ》やインク、紙《かみ》などを安《やす》く売《う》ってもらいました。かんたんな、いんさつのきかいも、手《て》に入《い》れました。

どういう記事《きじ》を書《か》くかは、もうアルの頭《あたま》の中《なか》では決《き》まっていました。読《よ》んだお客《きゃく》さんが、どんな顔《かお》をするか、思《おも》いうかべるだけで、楽《たの》しくなります。

まもなく、アルの新聞《しんぶん》が、できあがりました。一週間《しゅうかん》に一度《ど》出《で》るので、「週刊《しゅうかん》ヘラルド*」という名前《なまえ》にしました。

*ヘラルド…広《ひろ》く知《し》らせることや、それをする人《ひと》のこと。

「新《あたら》しい新聞《しんぶん》です。週刊《しゅうかん》ヘラルド、一か月分《げつぶん》で八セント*ですよ。」

アルの「週刊《しゅうかん》ヘラルド」は、たちまち人気《にんき》が出《で》ました。

乗《の》りかえの列車《れっしゃ》の時間《じかん》、駅《えき》から馬車《ばしゃ》が出《で》るかどうかのお知《し》らせ、わすれ物《もの》や落《お》とし物《もの》のお知《し》らせ、市場《いちば》での物《もの》のねだんなど、みんなが知《し》りたいニュースがいっぱいです。

中《なか》には、「駅《えき》の食堂《しょくどう》で、わかいおくさんが赤《あか》ちゃんを生《う》みました！」というびっくりニュースや、「荷物《にもつ》の代金《だいきん》をごまかそうとしてつかまった、まぬけな男《おとこ》の話《はなし》」など、おもしろい記事《きじ》もありました。

「こんな新聞《しんぶん》が、読《よ》みたかったんだよ。」

「これからもがんばって、おもしろい新聞《しんぶん》を、どんどん作《つく》っておくれ。」

お客《きゃく》さんたちは、大《おお》よろこびです。

「そうかあ、みんながほしがっている物《もの》や、よろこばれる物《もの》を作《つく》ることが、大事《だいじ》なことなんだ。」

アルは、おとなになってからも役《やく》に立《た》つ、大事《だいじ》なことを、この時《とき》学《まな》びました。

アルがこの新聞《しんぶん》を作《つく》っていたのは、列車《れっしゃ》の中《なか》でした。列車《れっしゃ》の中《なか》にも、実験室《じっけんしつ》をもっていたのです。新聞売《しんぶんう》りを始《はじ》めてから、実験《じっけん》をする時間《じかん》がへってこまっていたアルは、列車《れっしゃ》の中《なか》で実験《じっけん》をすることを思《おも》いつきました。列車《れっしゃ》には、自分《じぶん》の荷物《にもつ》をおく部屋《へや》があります。アルは、そこへ実験《じっけん》の道具《どうぐ》をもちこんで実験《じっけん》したり、いんさつきをおいて新聞《しんぶん》を作《つく》ったりしていました。

＊セント…外国《がいこく》で使われているお金《かね》の単位《たんい》。アメリカでは1ドルの百分《ぶん》の一の価値《かち》をもつ。

ところが、ある日《ひ》、列車《れっしゃ》がガタンとゆれて、薬品《やくひん》のびんが何本《なんぼん》か、ゆかに落《お》ちてわれてしまったのです。われた薬品《やくひん》はまざって、シュウシュウ、けむりを出《だ》して、もえはじめました。

「わ、わあ！」

アルは、あわてて火《ひ》を消《け》しました。でも、車《しゃ》しょうさんがけむりに気《き》がつき、とうとう、実験《じっけん》は禁止《きんし》になってしまいました。

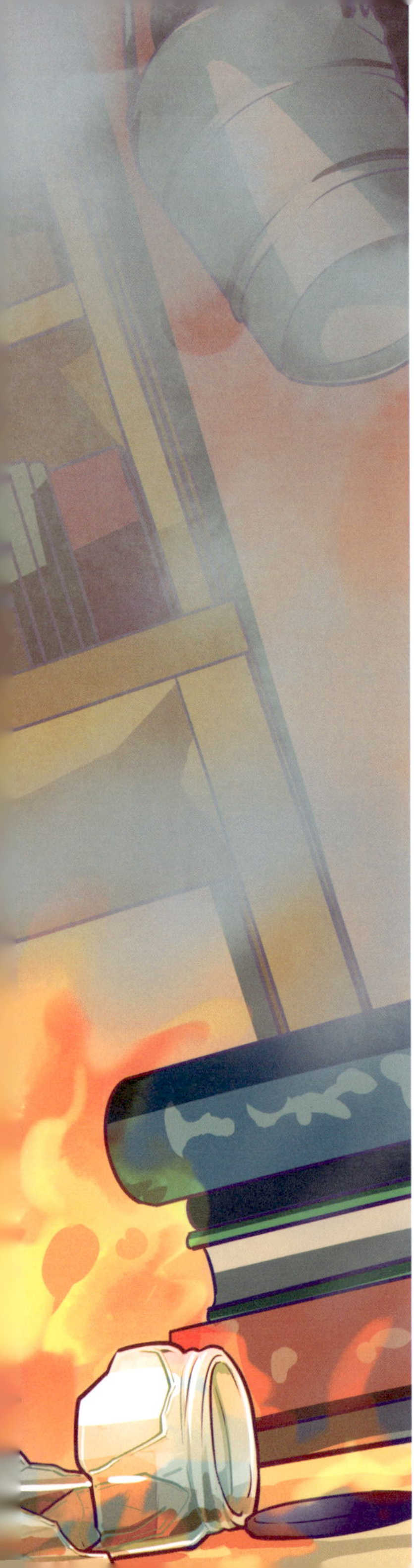

「列車《れっしゃ》が火事《かじ》になったら、どうするんだ。二度《にど》と、実験《じっけん》なんかやるんじゃないぞ。」

「ごめんなさい。もう、しません。」

「だけど、仕事《しごと》はつづけていいよ。新聞《しんぶん》の売《う》りあげもいいし、そのついでに、サンドイッチやピーナッツも、よく売《う》れてるからな。」

アルはぺこぺこあやまりながら、ほっとむねをなでおろしました。

アルが十五歳《さい》の時《とき》でした。

8 電信《でんしん》の勉強《べんきょう》

そんなある日《ひ》のこと。

ここは、ポートヒューロンとデトロイトのとちゅうにある、マウント・クレメンス駅《えき》です。アルは、ホームで駅長《えきちょう》のマッケンジーと話《はな》していました。列車《れっしゃ》の車両《しゃりょう》を、べつの車両《しゃりょう》に取《と》りかえる間《あいだ》、おりて待《ま》っているのです。

「先《さき》ほど、となりの駅《えき》から電信《でんしん》でれんらくがあってね。」

「へえ、やっぱり電信《でんしん》はべんりですねえ。」

ふたりで話《はな》していると、向《む》こうの線路《せんろ》を、小《ちい》さな男《おとこ》の子《こ》が、よちよち歩《ある》いているのが見《み》えました。駅長《えきちょう》のむすこ・ジミーです。

「なんてことだ！　ジミーが線路《せんろ》に！」

駅長《えきちょう》が、真《ま》っ青《さお》になってさけびました。

貨物車《かもつしゃ》がガタンゴトンと動《うご》き、次第《しだい》にスピードをあげて向《む》かってきていました。ジミーが遊《あそ》んでいる、その線路《せんろ》です。

そのとたん、アルは、とびだしていきました。走《はし》っていってジミーをかかえ、転《ころ》がるように、線路《せんろ》の向《む》こうにたおれこみました。すぐあとを、貨物車《かもつしゃ》が、ゴーッと通《とお》りすぎていきました。

「助《たす》かった！　ありがとう！」

かけつけた駅長《えきちょう》は、なみだを流《なが》して、アルの手《て》をとりました。アルもジミーも、かすりきずくらいで、なんともありません。

「本当《ほんとう》に、ありがとう！　どんなにお礼《れい》をしても、したりないくらいだ。そうだ！　わたしの感謝《かんしゃ》の気持《きも》ちとして、君《きみ》に電信《でんしん》のやり方《かた》を教《おし》えてあげよう。」

「え、本当《ほんとう》ですか！」

アルは、うれしくて、思《おも》わず大《おお》きな声《こえ》を出《だ》しました。電信《でんしん》とは、電気《でんき》を使《つか》って、はなれた場所《ばしょ》に、*信号《しんごう》を送《おく》ることです。電気《でんき》の流《なが》れを止《と》めたり流《なが》したりして、短《みじか》い音《おと》（トン）と、長《なが》い音《おと》（ツー）に変《か》えます。「トントンツー」とか「ツートン　ツーツートン」など、短《みじか》

信号《しんごう》の例《れい》

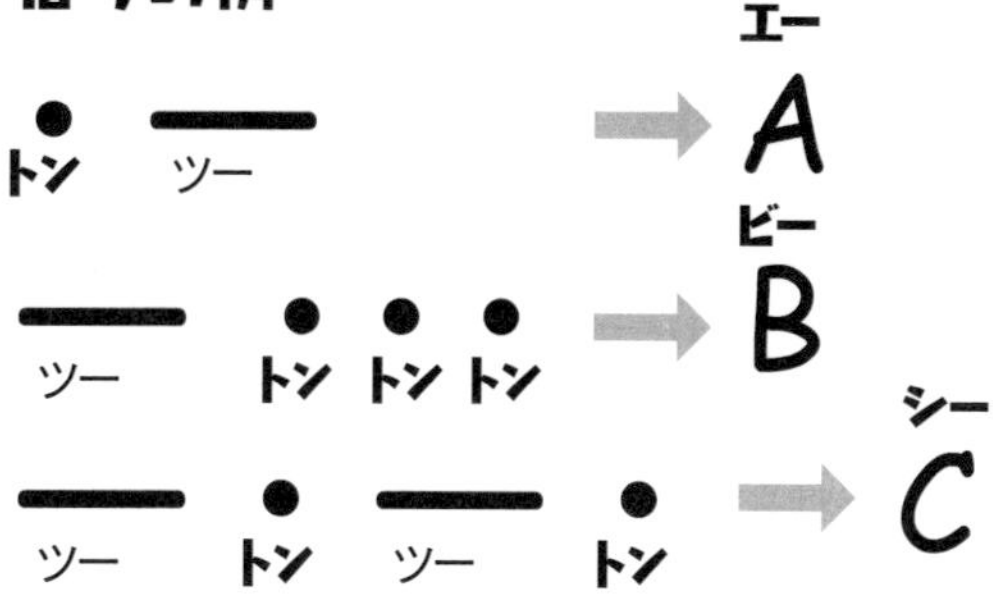

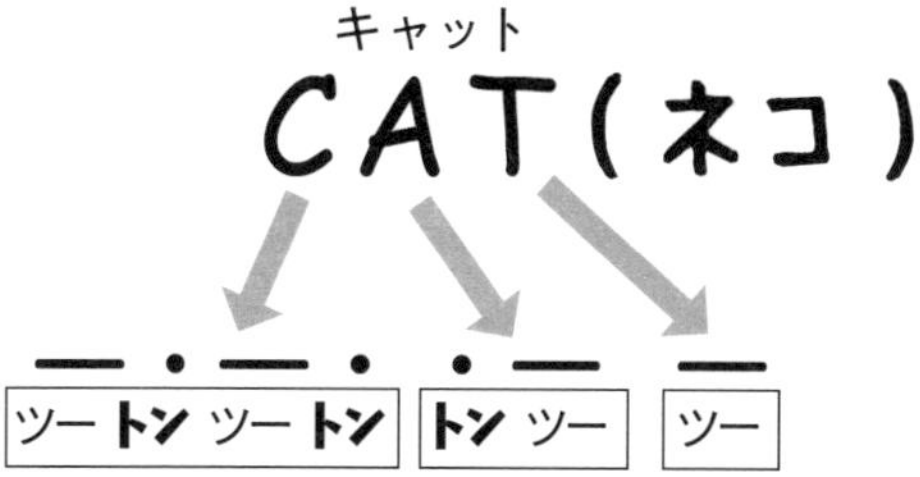

い音《おと》と長《なが》い音《おと》の組《く》みあわせで、伝《つた》えたいことを相手《あいて》に送《おく》る仕組《しく》みです。

「列車《れっしゃ》は二分《ふん》おくれて出発《しゅっぱつ》しました。」「風《かぜ》が強《つよ》いので、この駅《えき》でしばらく止《と》まります。」などのれんらくを、「トン」「ツー」で表《あらわ》して、駅《えき》と駅《えき》との間《あいだ》でやりとりしていました。列車《れっしゃ》を安《あん》全《ぜん》に走《はし》らせるために、電信《でんしん》は、大事《だいじ》な役目《やくめ》をはたしていたのです。

*信号《しんごう》…ここではモールス信号《しんごう》のこと。

「君《きみ》は、以前《いぜん》から、よく駅《えき》の電信《でんしん》室《しつ》をのぞいていたね。電信《でんしん》について、知《し》りたいのかなあと、いつも思《おも》っていたんだ。」

「教《おし》えてください！ ぜひ、おねがいします！」

それから、駅長《えきちょう》の教《おし》えで、アルの電信《でんしん》の勉強《べんきょう》が始《はじ》まりました。アルは、前《まえ》から、科学《かがく》の本《ほん》で、電信《でんしん》についていろいろ読《よ》んでいます。

それに、駅《えき》の電信室《でんしんしつ》をのぞいて、

＊電信室《でんしんしつ》…電信《でんしん》を送《おく》る部屋《へや》。

やり方《かた》も見《み》なれています。電信《でんしん》の勉強《べんきょう》は、アルの頭《あたま》の中《なか》に、すいすいと入《はい》ってきました。

アルは、電信《でんしん》の勉強《べんきょう》が、おもしろくてたまりません。家《いえ》でも、「トン」「ツー」の組《く》みあわせを、一生《いっしょう》けん命《めい》おぼえました。歩《ある》いていても、頭《あたま》の中《なか》で、「トン」「ツー」という音《おと》が聞《き》こえてくるようでした。

やる気《き》いっぱいのアルは、め

きめきうまくなりました。三か月《げつ》がたったころ、駅長《えきちょう》は、いいました。

「もう、君《きみ》に教《おし》えることは、何《なに》もない。わたしよりも、うまいくらいだ。」

アルは、男《おとこ》の子《こ》を助《たす》けたおかげで、こうして、電信《でんしん》のやり方《かた》を身《み》につけることができたのでした。

9 発明《はつめい》への道《みち》

十六歳《さい》になったアルは、電信《でんしん》を仕事《しごと》としていこうと決《き》めました。そのころはまだ、電信《でんしん》のぎじゅつを知《し》っている人《ひと》は少《すく》なかったので、あちこちの会社《かいしゃ》で、よろこんでやとってもらえました。

アルは、何年《なんねん》かこの仕事《しごと》をつづけるうちに、電信《でんしん》を送《おく》るのも、受《う》けとるのも、だれよりもはやくできるようになりました。

仲間《なかま》からは、「アメリカ一のはやうち」とか、「スピード王《おう》」などと、よばれていました。

ある日《ひ》、電信《でんしん》を送《おく》るきかいの前《まえ》で、仲間《なかま》が頭《あたま》をかかえていました。

「こまったなあ。はやく送《おく》らなければいけないのに、これ、動《うご》かないんだよ。」

アルは、そばに行《い》って、のぞいてみました。

「どれどれ、ちょっと見《み》せてくれ。ええっと、ここをこうして……」

小《ちい》さいころから工作《こうさく》やきかいをいじるのが大《だい》すきだったアルは、ねじをゆるめて中《なか》を見《み》て、あちこちいじったかと思《おも》うと、にっこりわらっていいました。

「さあ、これで、だいじょうぶだよ。」

「助《たす》かったよ。さすがだね！」

アルは、電信《でんしん》を送《おく》るはやさだけでなく、きかいにくわしいということでも、会社《かいしゃ》の中《なか》で知《し》られるようになっていきました。きかいの

調子《ちょうし》が悪《わる》いと、すぐによびだしを受《う》けます。そんな時《とき》、アルの手《て》にかかると、たいていのこしょうは、直《なお》ってしまいました。
社長《しゃちょう》は、感心《かんしん》したように、いいました。

「君《きみ》は、はやうちだけでなく、きかいにもくわしいんだね。まさに、電信《でんしん》のために生《う》まれてきたような男《おとこ》だ。」

仲間《なかま》たちも、みんなうなずきました。

会社《かいしゃ》の中《なか》で、大事《だいじ》なやくわりをするようになると、みんなは、アルというよび方《かた》ではなく、そんけいの気持《きも》ちをこめて、エジソンとよぶようになりました。

エジソンは、電信《でんしん》のきかいのこしょうを直《なお》すだけでなく、いろいろ工夫《くふう》して、使《つか》いやすいように作《つく》りなおしていきました。

そしてこれが、この先《さき》の発明《はつめい》へとつながっていったのでした。

10 発明《はつめい》のしっぱい

エジソンは、電信《でんしん》のきかいについて、だれよりもくわしくなりました。そうやって、工夫《くふう》しながら、きかいを作《つく》りなおしていると、新《あたら》しい考《かんが》えが、次《つぎ》つぎとうかんできます。

「このきかいの仕組《しく》みを使《つか》って、何《なに》かべつの物《もの》が作《つく》れないだろうか。」

そうなると、子《こ》どものころから実験《じっけん》が大《だい》すきだったエジソンは、気持《きも》ちがどんどんふくらんで止《と》められません。

「やってみたい！　ためしてみたい！」

エジソンは、電信《でんしん》の仕事《しごと》をやめ、発明《はつめい》にうちこみはじめました。

そうして考《かんが》えついたのが、「電気投票記録機《でんきとうひょうきろくき》」でした。

会議《かいぎ》では、話《はな》し合《あ》いの後《あと》に、さんせいか反対《はんたい》かの手《て》をあげて、その数《かず》で物事《ものごと》を決《き》めます。「電気投票記録機《でんきとうひょうきろくき》」は、さんせいと反対《はんたい》の数《かず》が、一目《ひとめ》でわかるきかいです。会議《かいぎ》に出《で》ている人《ひと》が、さんせいか反対《はんたい》かのボタンをおすだけで、それぞれの数《かず》の合計《ごうけい》が、たちまち表《あらわ》されるというきかいでした。

「これで、会議《かいぎ》はさっさと進《すす》んで、みんな助《たす》かるにちがいない！」

エジソンは、自信《じしん》たっぷりで、役所《やくしょ》に、発明品《はつめいひん》としてとどけを出《だ》しました。それは次《つぎ》の年《とし》、エジソンがはじめて特許《とっきょ》*1をとった発明品《はつめいひん》として、記録《きろく》されました。

＊1特許《とっきょ》…発明品《はつめいひん》がまねされたり、勝手《かって》に使《つか》われたりして、発明《はつめい》した人《ひと》がそんをすることがないよう、発明者《はつめいしゃ》をまもるしくみ。

「これで、ぼくも発明家《はつめいか》の仲間入《なかまい》りだ。」

目《め》の前《まえ》が、パーッと明《あか》るくなったような気分《きぶん》です。エジソンは、うきうきと、部屋《へや》の中《なか》を歩《ある》きまわりました。

「よし、早速《さっそく》議会《ぎかい》*2にもっていって、買《か》ってもらおう。*3州《しゅう》や国《くに》の議会《ぎかい》でも使《つか》うようになれば、きっとたくさん売《う》れるにちがいない。」

＊２議会《ぎかい》…国民《こくみん》や市民《しみん》などによって選《えら》ばれた議員《ぎいん》が集《あつ》まって話《はな》し合《あ》い、大切《たいせつ》なことを決《き》めるところ。＊３州《しゅう》…地域《ちいき》のまとまりのよび方《かた》のひとつ。

エジソンは、はずむような気持《きも》ちで、「電気投票記録機《でんきとうひょうきろくき》」をかかえて、議会《ぎかい》に持《も》っていきました。

「ぼくの発明品《はつめいひん》です。すばらしい物《もの》なんです！」

けれども、エジソンの説明《せつめい》を聞《き》いた議員《ぎいん》（議会《ぎかい》の人《ひと》）は、口《くち》をへの字《じ》に曲《ま》げて、首《くび》を横《よこ》にふりました。

「君《きみ》、これはだめだよ。使《つか》えない。君《きみ》は、会議《かいぎ》のやり方《かた》を知《し》らないね。」

「え！　なぜですか。」

エジソンは、思《おも》いがけない答《こた》えに、うろたえました。

「われわれの会議《かいぎ》というものは、相手《あいて》の出方《でかた》を見《み》ながら、じっくり決《き》めていくものだ。さっさと決《き》めればいいというものではない。

ぎゃくに、相手《あいて》を待《ま》たせることも、大事《だいじ》なんだよ。こんなもの、役《やく》に立《た》たないね。」

議員《ぎいん》は、そういって、エジソンのきかいをおしもどしました。

エジソンは、「電気投票記録機《でんきとうひょうきろくき》」をかかえて、夕暮《ゆうぐ》れの道《みち》を、とぼとぼと帰《かえ》りました。さっきまでの、うきたつような気分《きぶん》とは正反対《せいはんたい》です。がっくりと、しずんだ気持《きも》ちになりました。

エジソンは、はぁーっと、ため息《いき》をつきました。

「そうかあ。ぼくは、世《よ》の中《なか》のことを、まだよく知《し》らないんだな。いくら自分《じぶん》でいいと思《おも》っても、みんながそれをほしがっていなければ、だめなんだ。」

はじめての発明《はつめい》は、しっぱいでした。エジソンは、とてもがっかりしました。コツコツという自分《じぶん》のくつ音《おと》を聞《き》きながら、しょんぼりと歩《ある》いていました。

するとその時《とき》、どこからか、お母《かあ》さんの声《こえ》が聞《き》こえたような気《き》がしました。

「何度《なんど》でも、ためしてごらんなさい。きっとうまくいくこともあるわよ。」

エジソンは、ハッとしました。そして、むねの中《なか》から、じわじわと勇気《ゆうき》がわい

てきたのです。
「ようし、またがんばるぞ！　しっぱいしても、次《つぎ》にせいこうすればいいのさ！」
子《こ》どものころ、自分《じぶん》の作《つく》った新聞《しんぶん》が、みんなによろこばれたことを思《おも》い出《だ》しました。
「そうだ、あの時《とき》のように、みんなの声《こえ》に耳《みみ》をかたむけよう！」

11 大《だい》せいこう!

二十二歳《さい》のころ、エジソンは、もっといろいろな人《ひと》の声《こえ》を聞《き》くために、ニューヨークにやってきました。ニューヨークはアメリカの大《おお》きな都市《とし》で、*かぶの取《と》り引《ひ》きが、さかんな所《ところ》です。まわりには、かぶの売《う》り買《か》いをする事務所《じむしょ》が、たくさんありました。

「へえ、こんなお金《かね》のもうけ方《かた》もあるのかあ。」

エジソンは、かぶの仕組《しく》みに、興味《きょうみ》をもちました。

かぶというのは、大《おお》きく成長《せいちょう》しそうな会社《かいしゃ》のかぶを買《か》っておくと、その会社《かいしゃ》のもうけに合《あ》わせて、いくらかのお金《かね》がもらえるという仕《し》組《く》みです。会社《かいしゃ》にもうけがないと、かぶを買《か》った人《ひと》は、そんをすることもあります。会社《かいしゃ》がもうかっているかどうかがわかる目安《めやす》の一《ひと》つが、かぶのねだんです。

「かぶを買《か》っている人《ひと》は、かぶのねだんの上《あ》がり下《さ》がりが、いつも気《き》になってるみたいだ。」

エジソンは、人《ひと》びとの様子《ようす》を見《み》ながら、そう感《かん》じました。

「そうだ、これだ！　かぶのねだんが、より早《はや》くわかるきかいだ！」

エジソンはひらめきました。

「これこそが、かぶを持《も》っている人《ひと》が、よろこぶ物《もの》、ほしがっている物《もの》なんだ。」

エジソンは、研究《けんきゅう》を始《はじ》めました。この前《まえ》、うまくいかなかった電《でん》

＊かぶ…会社《かいしゃ》が必要《ひつよう》なお金《かね》を集《あつ》めるための仕組《しく》みのひとつ。

気投票記録機《きとうひょうきろくき》も、きかいとしてはすぐれた物《もの》です。その投票記録機《とうひょうきろくき》や、電信《でんしん》のきかいをもとにして、毎晩《まいばん》おそくまで、研究《けんきゅう》と実験《じっけん》をくりかえしました。そして、ついにできあがりました。かぶのねだんを表《あらわ》す、「かぶか表示機《ひょうじき》」というものです。

「これがあれば、かぶのねだんの上《あ》がり下《さ》がりが、一目《ひとめ》でわかる！」

エジソンは、今度《こんど》こそ、自信《じしん》がありました。

そのきかいのことが、まわりに知《し》られるようになったころ、大《おお》きな会社《かいしゃ》の社長《しゃちょう》がやってきて、いいました。

「この発明《はつめい》を、いくらかで、わたしに売《う》ってくれないかね。」

エジソンは、ねだんをいくらにしていいかわかりません。

（三千《ぜん》*ドルかな？　いや、五千《せん》ドルといっても、いいのかな？）

＊ドル…アメリカなどで使《つか》われているお金《かね》の単位《たんい》。このときの四万《まん》ドルは、今《いま》のおよそ一億円《おくえん》くらい。

エジソンがまよって、答《こた》えられないでいると、社長《しゃちょう》はいいました。

「四万《まん》ドルでは、どうだろう。」

四万《まん》ドルは、エジソンにとって、ゆめのようなお金《かね》です。

「は、はい！　それで、いいです！」

エジソンは、はじめて、自分《じぶん》の発明《はつめい》で、大《おお》きな一歩《いっぽ》をふみだすことができたのです。

「よし、工場《こうじょう》を作《つく》ろう！　もっといろいろなものを発明《はつめい》するんだ！」

ニューヨークの近《ちか》くに、ニューアークという町《まち》があります。四万《まん》ドルという、たくさんのお金《かね》を手《て》に入《い》れたエジソンは、そこにある四階《かい》だてのビルに、工場《こうじょう》を作《つく》りました。

エジソンは、二十三歳《さい》のわかさで、大《おお》きな工場《こうじょう》をけいえいする人《ひと》になったのです。

12 悲《かな》しみとよろこび

エジソンは、一生《いっしょう》けん命《めい》はたらきました。工場《こうじょう》できかいを作《つく》るだけでなく、新《あたら》しい研究《けんきゅう》や実験《じっけん》もやらなくてはなりません。夜《よる》もねない時《とき》がありました。食事《しょくじ》も食《た》べたり、食《た》べなかったりします。

「研究《けんきゅう》が、おもしろくて、それどころじゃないよ。」

夢中《むちゅう》で、毎日《まいにち》をすごしていました。ポートヒューロンにあるお父《とう》さんとお母《かあ》さんの家《いえ》にも、長《なが》い間《あいだ》帰《かえ》っていませんでした。

そんなある日《ひ》、エジソンのもとに知《し》らせがとどきました。お母《かあ》さんがなくなったという、悲《かな》しい知《し》らせです。エジソンは、それを聞《き》くなり、大急《おおいそ》ぎでポートヒューロンの家《いえ》に帰《かえ》りました。

「お母《かあ》さん、長《なが》い間《あいだ》、帰《かえ》らなくて、ごめんなさい。」

エジソンは、お母《かあ》さんのつめたくなった手《て》をにぎって、あやまりました。

科学《かがく》や実験《じっけん》のおもしろさを、エジソンに教《おし》えてくれたのは、お母《かあ》さんです。その後《ご》も、お母《かあ》さんは、エジソンをしんじて、いつもはげましてくれました。

エジソンは、深《ふか》い悲《かな》しみの中《なか》で、大切《たいせつ》なお母《かあ》さんと、最後《さいご》のおわかれをしました。

「お母《かあ》さん、ありがとう。そして、さようなら。」

ニューアークにもどってきても、悲《かな》しみをかんたんにわすれるこ

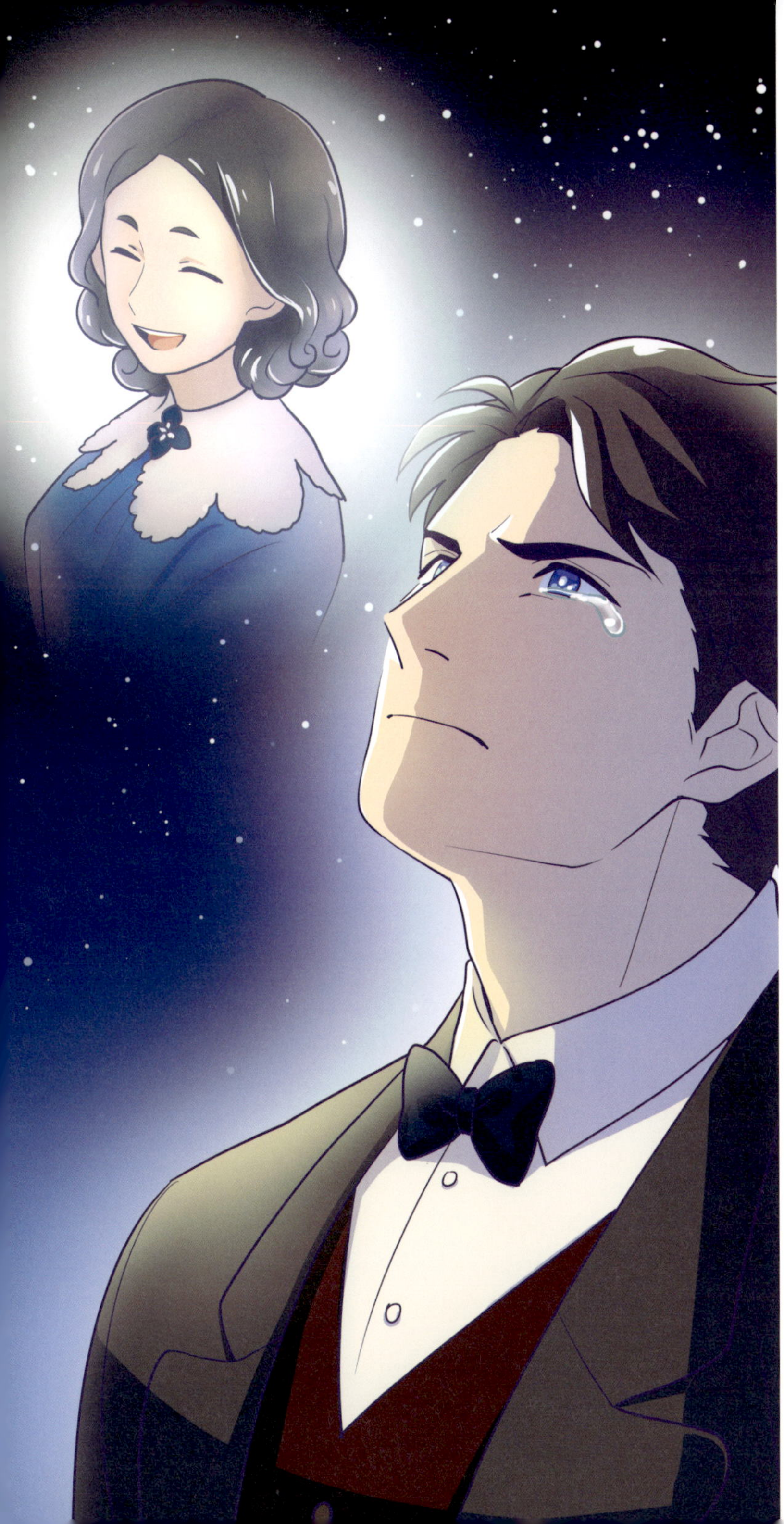

とはできません。

「はげましてくれたお母《かあ》さんのためにも、ぼくは、がんばるんだ！」

エジソンは、前《まえ》よりももっと、研究《けんきゅう》に熱中《ねっちゅう》しました。

そんなエジソンの気持《きも》ちをなぐさめてくれたのは、メアリーという、エジソンのところではたらく女《おんな》の人《ひと》です。

エジソンは、メアリーが、だんだんすきになりました。メアリーも、まじめで仕事《しごと》に熱心《ねっしん》なエジソンに、心《こころ》ひかれました。仲間《なかま》たちにおいわいされて、二人《ふたり》は、まもなくけっこんしました。

幸《しあわ》せなけっこんしきが終《お》わり、これからふたりが住《す》む家《いえ》に帰《かえ》ってきた、その日《ひ》のことです。エジソンは、やりかけの研究《けんきゅう》のことを、ふと思《おも》い出《だ》しました。気《き》になりはじめると、どうしてもじっとしていられません。

「ちょっとだけ、研究室《けんきゅうしつ》に行《い》ってくるよ。夕《ゆう》ごはんまでには、帰《かえ》るから。」

けれども、研究《けんきゅう》に夢中《むちゅう》になると、何《なに》もかもわすれるのが、エジソンです。あたりは暗《くら》くなり、ついに真夜中《まよなか》になってしまいました。

それでも、エジソンは、研究《けんきゅう》に夢中《むちゅう》でした。

その時《とき》、部屋《へや》に、仲間《なかま》が入《はい》ってきました。

「おや？　こんな時間《じかん》まで、何《なに》をしているの？　けっこんしたばかりのおくさんは、どうしてるの？」

「えっ！」

時計《とけい》を見《み》たエジソンは、大《おお》あわて。急《いそ》いでぼうしをつかむと、ふっとぶようないきおいで、走《はし》って帰《かえ》りました。

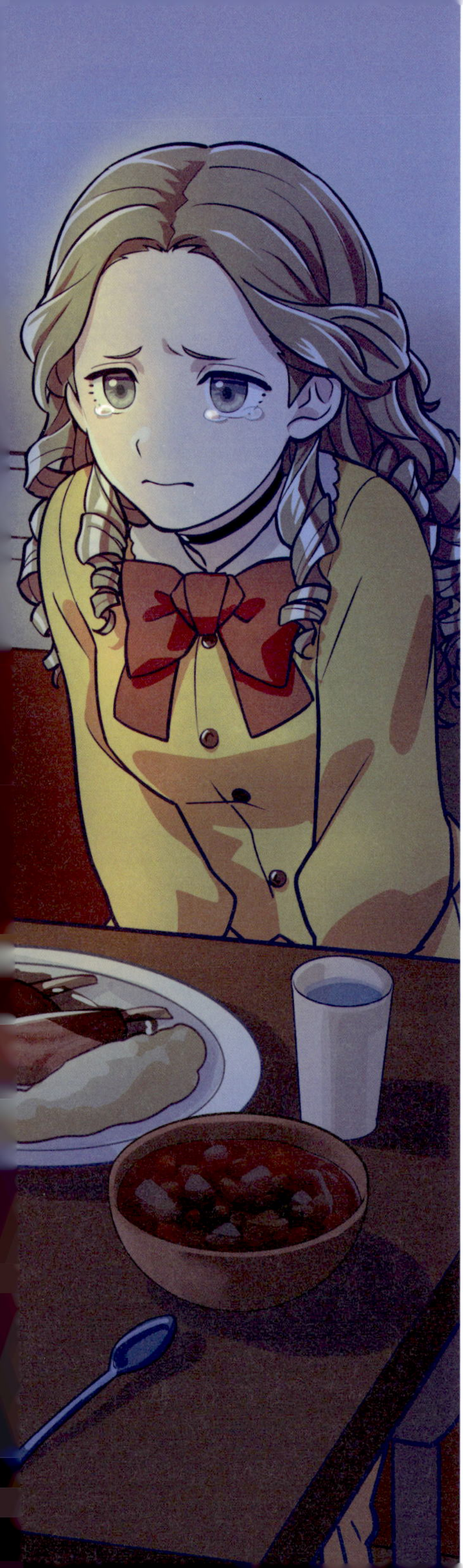

待《ま》ちくたびれたメアリーは、お料理《りょうり》を前《まえ》にして、なきそうな顔《かお》をしていました。

「ごめん、ごめん！　本当《ほんとう》に、悪《わる》かったよ。」

エジソンは、メアリーに、ぺこぺこあやまりました。

こんな始《はじ》まりでしたが、エジソンは、メアリーとけっこんして、幸《しあわ》せなときをすごしました。

13 メリーさんのひつじ

エジソンは、新《あたら》しい電信機《でんしんき》など、次《つぎ》つぎと発明《はつめい》をする人《ひと》として、だんだん人《ひと》に知《し》られるようになっていました。そうなっても、エジソンの研究熱心《けんきゅうねっしん》さは、止《と》まることはありません。

「ここではもう、実験《じっけん》や研究《けんきゅう》をするのは、ふべんだなあ。」

そう思《おも》ったエジソンは、二十九歳《さい》の時《とき》、メンロパークという所《ところ》に、新《あたら》しい研究室《けんきゅうしつ》を作《つく》りました。子《こ》どもも生《う》まれていたので、家族《かぞく》のための大《おお》きな家《いえ》を、近《ちか》くに買《か》いました。

「これで、すきなだけ、研究《けんきゅう》や実験《じっけん》ができるぞ。」

そのころ、エジソンは、電気《でんき》の力《ちから》で音《おと》を送《おく》る仕組《しく》みについて、研究《けんきゅう》をしていました。

エジソンの頭《あたま》には、次《つぎ》つぎに考《かんが》えがうかんできます。しばらく、研究《けんきゅう》と実験《じっけん》に取《と》り組《く》みました。毎晩《まいばん》、おそくまで研究室《けんきゅうしつ》にのこっています。

「今度《こんど》は、何《なに》を発明《はつめい》しようというんだろうね。」

「きっと、わたしたちをびっくりさせるような物《もの》を、作《つく》ってるにちがいない。」

研究室《けんきゅうしつ》の仲間《なかま》は、そのすがたを見《み》て、ひそひそうわさをしていました。

ある日《ひ》、エジソンは、みんなに声《こえ》をかけました。

「おーい、みんな、来《き》てくれ。」

仲間《なかま》が、ぞろぞろと、研究室《けんきゅうしつ》に入《はい》ってきました。

エジソンの前《まえ》には、丸《まる》いつつのような物《もの》がおいてあります。

エジソンは、つつについているハンドルを回《まわ》しながら、いきなり歌《うた》いはじめました。

そうして歌《うた》いおわると、いいました。

「いいかい、耳《みみ》をすませてごらん。」

エジソンはまた、ハンドルを、ぐるぐる回《まわ》しはじめます。しばらくは、ざわざわという音《おと》が聞《き》こえました。でも、そのあとに、かすれたような歌《うた》う声《こえ》が、小《ちい》さく聞《き》こえてきたのです。

「♪メリーさんのひつじ、小《ちい》さいひつじ……。」

みんなは、顔《かお》を見合《みあ》わせました。それは、エジソンが、さっきハンドルを回《まわ》しながら歌《うた》った歌《うた》でした。

「どうだい、ぼくの歌《うた》。うまいもんだろう。」

「今歌《いまうた》ってないのに、聞《き》こえるなんて、まるで、まほうみたいだ！」

エジソンは、にやにやわらって、むねをはりました。

「ついに、できたんだよ。声《こえ》や音《おと》をためておくきかいだ。いいものだろう？」

これは、蓄音機《ちくおんき》という物《もの》でした。蓄音機《ちくおんき》とは、声《こえ》や音《おと》をきろくしておいて、あとから聞《き》くためのきかいです。声《こえ》や音《おと》を録音《ろくおん》するきかいは、その後次《ごつぎ》つぎと形《かたち》を変《か》えていきましたが、そのもとを作《つく》ったのが、エジソンでした。

「これからは、えんそう会《かい》の会場《かいじょう》にいなくても、音楽《おんがく》や歌《うた》が聞《き》けるようになるんだね。うれしいなあ。」

「声《こえ》をふきこんでおけば、その人《ひと》がなくなったあとでも、何度《なんど》でも聞《き》くことができるんだよ。すばらしいね。」

蓄音機《ちくおんき》の発明《はつめい》は、人《ひと》びとをおどろかせ、よろこばせました。

14 あきらめない！

そのころの人《ひと》びとは、夜《よる》になれば、ランプやろうそくを使《つか》って、家《いえ》の中《なか》を明《あか》るくしていました。ランプもろうそくも、火《ひ》をもやしているので、うっかりたおせば、やけどをしたり火事《かじ》になることもあります。また、弱《よわ》い光《ひかり》なので、細《こま》かい字《じ》を読《よ》んだりするには、ふべんでした。

また、外《そと》の通《とお》りなどでは、ガスとうという物《もの》が、使《つか》われていました。これも、ガスをもやしたほのおを明《あ》かりにしていたのですが、やはり火事《かじ》のもとになることがありました。

「もっと、安全《あんぜん》で、明《あか》るい光《ひかり》があるといいなあ。」

それは、多《おお》くの人《ひと》のねがいでした。そのために、いろいろな発明家《はつめいか》たちが、明《あ》かりについて、研究《けんきゅう》をつづけてきました。

火《ひ》を使《つか》った明《あ》かりのかわりに考《かんが》えられていたのが、電《でん》気《き》の力《ちから》を使《つか》った明《あ》かりです。

この時《とき》すでに、電《でん》気《き》の力《ちから》を使《つか》えば、光《ひかり》が生《う》まれることはわかっていました。電球《でんきゅう》の仕組《しく》みも考《かんが》え出《だ》されていました。

でも、それをくらしの役《やく》に立《た》てることは、まだ、できていませんでした。なぜなら、電球《でんきゅう》を作《つく》るざいりょうのねだんが高《たか》すぎたり、光《ひか》ってもすぐに消《き》えてしまったりで、まったく使《つか》えるものではなかったのです。

「すぐには消《き》えない電球《でんきゅう》が、なんとか作《つく》れないかなあ。」

エジソンは、その研究《けんきゅう》に取《と》り組《く》んでいました。ほかにも、いろいろな人《ひと》が、その研究《けんきゅう》をしていましたが、だれもまだせいこうした人《ひと》はいませんでした。

電球《でんきゅう》は、ガラスの球《たま》の中《なか》に、フィラメントという細《ほそ》い線《せん》を通《とお》しています。フィラメントは電気《でんき》を流《なが》すと光《ひか》って、明《あ》かりの役目《やくめ》をするのです。でも、電気《でんき》を流《なが》すと、光《ひか》ると同時《どうじ》にあつくなるので、ねつのために、フィラメントはすぐにとけ、切《き》れてしまいます。

これが、電球《でんきゅう》がすぐに消《き》えてしまう理由《りゆう》でした。

「電気《でんき》を流《なが》しても、切《き》れにくいフィラメントは、できないのだろうか。」

エジソンは、*白金《はっきん》など、いろいろな物《もの》をフィラメントとしてためしてみました。実験《じっけん》を、何度《なんど》も何度《なんど》もくり返《かえ》しました。数《かぞ》えきれないくらい、しっぱいもしました。

*白金《はっきん》…金属《きんぞく》の一種《しゅ》。プラチナともいう。

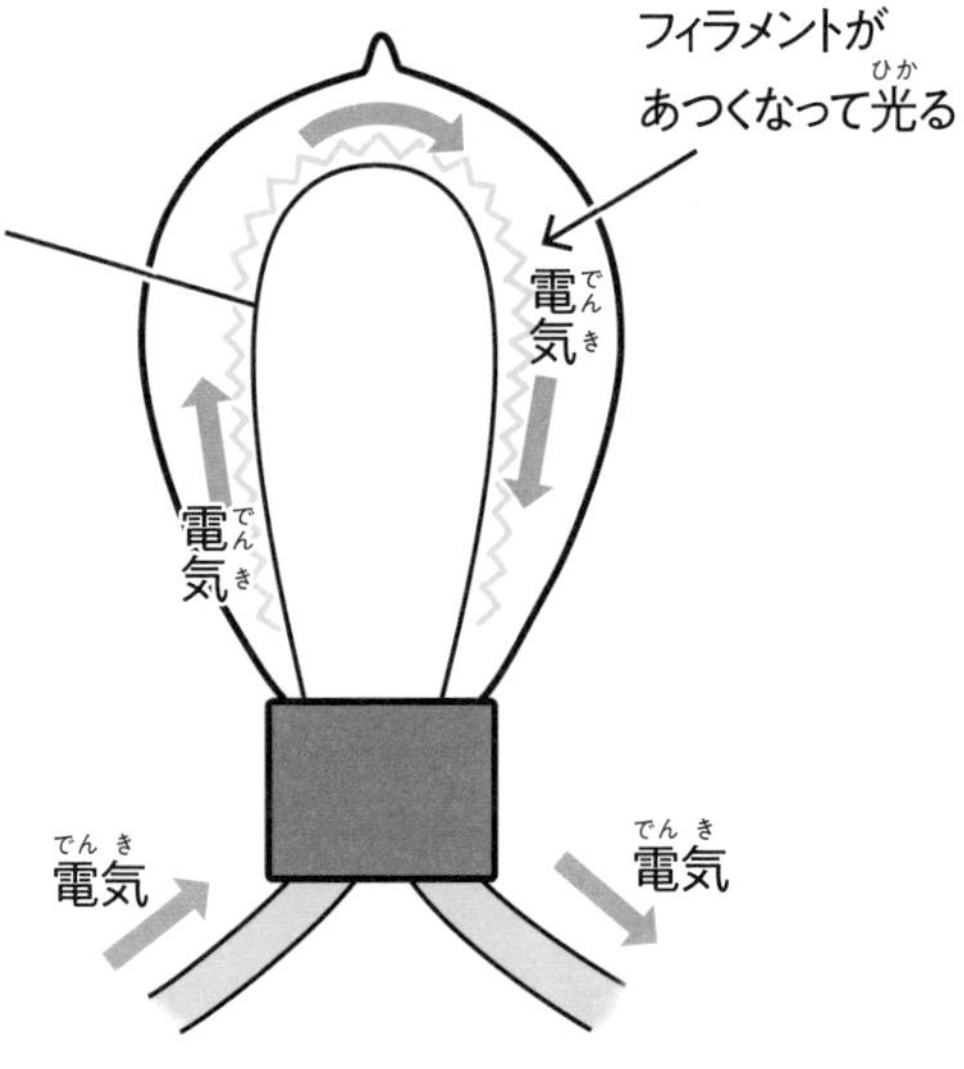

そのたびに、エジソンは、小《ちい》さいころお母《かあ》さんがいった言葉《ことば》を、思《おも》い出《だ》しました。

「何度《なんど》でも、ためしてみることが、大切《たいせつ》よ。」

エジソンは、この言葉《ことば》を心《こころ》の中《なか》でつぶやいて、がんばりました。

それは、勇気《ゆうき》をくれる、まほうの言葉《ことば》でした。

「そのとおりだよ。九十九回《かい》しっぱいしても、百回目《ひゃっかいめ》にせいこうすることだって、あるんだから。いや、たとえ一万回《まんかい》しっぱいしても、それは一万回《まんかい》、うまくいかない方法《ほうほう》を発見《はっけん》したことなんだ！」

紙《かみ》をむしやきにして作《つく》ったすみ*を、フィラメントにしたら、八分《ぷん》間光《かんひか》りつづけたことがありました。でも、それくらいでは、まだべんりに使《つか》うことはできません。

＊すみ…木《き》などの植物《しょくぶつ》、また、それを原料《げんりょう》にしたもの（紙《かみ》など）を、空気《くうき》（酸素《さんそ》）にふれないようにやくとできる、黒《くろ》いかたまり。できかたによっては、電気《でんき》を通《とお》すようになる。

「見《み》つかるまで、実験《じっけん》をやめないぞ！」

エジソンのがんばりは、ついにせいこうへとつながりました。もめん糸《いと》から作《つく》ったフィラメントで、やく四十時間《じかん》も電球《でんきゅう》が光《ひか》りつづけたのです。これで、なんとかくらしの中《なか》で使《つか》えそうです。

それを発表《はっぴょう》すると、新聞《しんぶん》が大《おお》きく記事《きじ》にしました。世《よ》の中《なか》の人《ひと》びとも、大《おお》よろこびです。

「おお、なんとすばらしい！」

「新《あたら》しい光《ひかり》が、生《う》まれたんだ！」

一八七九年《ねん》、エジソンが三十二歳《さい》の時《とき》のことでした。この日《ひ》、十月《がつ》二十一日《にち》は、このすばらしい出来事《できごと》を記念《きねん》して、その後《ご》、アメリカで「エジソンの日《ひ》」と決《き》められました。

けれどもエジソンは、これでもまだ、満足《まんぞく》してはいませんでした。

「このくらいでは、だめだ。もっと長《なが》い時間《じかん》、光《ひか》りつづけなければいけない。」

エジソンは、さらに研究《けんきゅう》しました。

「問題《もんだい》は、フィラメントに何《なに》を使《つか》うかだ。もっと切《き》れにくく、長《なが》もちするフィラメントのざいりょうが、きっとどこかにあるはずだ。」

エジソンはあらゆるざいりょうをためしました。スギの木《き》やモミの木《き》、トウモロコシ……そしてついに、竹《たけ》を使《つか》うのがいいということがわかりました。竹《たけ》を糸《いと》のように細《ほそ》くして、すみにしたものが、ねつに強《つよ》く、切《き》れにくいのです。

「世界中《せかいじゅう》の竹《たけ》を集《あつ》めるんだ。ためしてみよう！」

竹《たけ》を調《しら》べるため、世界《せかい》に人《ひと》を送《おく》りだしました。すると、日本の京《きょう》都《と》の竹《たけ》を使《つか》ったものが一番長《いちばんなが》く光《ひか》りかがやくことが、わかりました。

これは、大発見《だいはっけん》でした。こののち、エジソンは、より長《なが》く光《ひか》る電球《でんきゅう》を作《つく》ることが、できるようになりました。

15 かがやく町《まち》

エジソンは、日本の竹《たけ》を使《つか》った電球《でんきゅう》を、どんどん作《つく》りました。時《じ》間《かん》もお金《かね》もかかった研究《けんきゅう》でした。けれども、その苦労《くろう》をわすれるくらいのよろこびでした。いっしょに苦労《くろう》した、研究室《けんきゅうしつ》の仲間《なかま》も、大《おお》よろこびです。町《まち》の人《ひと》びとも、明《あか》るいきぼうをもちました。

「今《いま》に、世界中《せかいじゅう》の町《まち》が明《あか》るくなるぞ！」

「どこの家《いえ》にも、明《あか》るい光《ひかり》がともせるようになればいいね。」

それは、人《ひと》びとのねがいであるだけでなく、エジソンの目標《もくひょう》でもありました。

けれども、もう一《ひと》つ、大事《だいじ》な問題《もんだい》がありました。電球《でんきゅう》をともすには、もとになる電気《でんき》がひつようです。電気《でんき》をたくさん作《つく》りださなければなりません。そして、その電気《でんき》がそれぞれの場所《ばしょ》に、送《おく》られていなければなりません。

電気《でんき》を作《つく》る発電所《はつでんしょ》や、電気《でんき》を送《おく》る電線《でんせん》の仕組《しく》みがなければ、みんなのもとに、明《あ》かりをとどけることはできません。

「よし、たくさんの電気《でんき》を作《つく》りだす発電所《はつでんしょ》や、それを安全《あんぜん》に送《おく》りとどける電線《でんせん》の仕組《しく》みも作《つく》ろう！」

エジソンは、ついに「エジソン電気照明会社《でんきしょうめいがいしゃ》」までも、作《つく》ってしまいました。電気《でんき》を安全《あんぜん》にたくさん作《つく》ることができる発電所《はつでんしょ》や、それを電線《でんせん》であちこちへ送《おく》る仕組《しく》みを作《つく》る会社《かいしゃ》です。「エジソン電気照《でんきしょう》明会社《めいがいしゃ》」の努力《どりょく》のおかげで、たくさんの電気《でんき》が、さまざまな場所《ばしょ》に送《おく》りとどけられるようになりました。


一八八二年《ねん》九月《がつ》。

ニューヨークのにぎやかなパール街《がい》には、たくさんの人《ひと》びとが、集《あつ》まっていました。

ここには、大《おお》きな発電所《はつでんしょ》が作《つく》られていました。

「エジソンがみんなを、びっくりさせてくれるらしいぞ。」

「楽《たの》しみだわ。どきどきするわ。」

みんな、その時《とき》をずっと待《ま》っていました。

暗《くら》くなると、パール街《がい》に取《と》りつけられた電球《でんきゅう》が、いっせいにとも

されました。

「わあ、すばらしい！」

「昼間《ひるま》よりも、明《あか》るいくらいだ！」

暗《くら》い夜《よる》の空《そら》に、たくさんの電球《でんきゅう》が、星《ほし》のようにまたたきます。パール街《がい》は、たちまち、かがやく町《まち》に変《か》わりました。

「きらきらと、まぶしい！」

「まるで、宝石《ほうせき》のようじゃないか！」

人《ひと》びとは、かたをたたきあって、よろこんでいます。そして、そ

の美《うつく》しさに、ため息《いき》をついています。

エジソンは、その様子《ようす》を見《み》て、満足《まんぞく》しました。みんなを、こんなによろこばせることができたのです。

「うん、人《ひと》びとがほしがっている物《もの》、よろこぶ物《もの》を作《つく》ること、これこそ、ぼくがやりたかった発明《はつめい》なんだ。」

エジソンは、何度《なんど》も何度《なんど》もうなずいていました。

エジソンの電球《でんきゅう》は、町《まち》をてらし、それぞれの家《いえ》をてらし、くふうを重《かさ》ねながら、世界中《せかいじゅう》に広《ひろ》がっていきました。

16 新《あたら》しい研究所《けんきゅうじょ》

次《つぎ》つぎに発《はつ》明《めい》がせいこうして、すべてうまくいっていたエジソンでしたが、不《ふ》幸《こう》はとつぜんやってきました。けっこんして十三年《ねん》目《め》の夏《なつ》のある日《ひ》、おくさんのメアリーが、急《きゅう》な病《びょう》気《き》でなくなってしまったのです。

エジソンは、のこされた三人《にん》の子《こ》どもたちと手《て》を取《と》りあって、悲《かな》しみにくれました。

「メアリーには、もっともっと、幸《しあわ》せになってほしかった……。」

エジソンは、つらい気《き》持《も》ちをわすれるように、研究《けんきゅう》にうちこみました。研究室《けんきゅうしつ》の仲間《なかま》も、そんなエジソンと子《こ》どもたちをやさしく見《み》守《まも》ってくれました。

そうしてしばらくたったころ、エジソンはマイナという女《おんな》の人《ひと》と出会《であ》いました。マイナのお父《とう》さんも発明家《はつめいか》なので、エジソンの仕事《しごと》や研究《けんきゅう》のことを、よくわかってくれます。エジソンは、マイナと話《はなし》をしていると、気持《きも》ちがとても安《やす》らかになりました。

そんなマイナが、ある日《ひ》、エジソンにいいました。

「わたしに、モールス信号《しんごう》を教《おし》えていただけませんか。」

モールス信号《しんごう》は、エジソンがわかいころ、電信《でんしん》の仕事《しごと》でよく使《つか》っていたものです。「トン」という短《みじか》い音《おと》と、「ツー」という長《なが》い音《おと》の組《く》みあわせで、話《はな》したいことを表《あらわ》せるので、その組《く》みあわせをお

ぼえておくと、近《ちか》くの物《もの》を指《ゆび》で「トントンツー」などとたたくだけで、話《はなし》ができます。

エジソンが教《おし》えると、かしこいマイナは、たちまちモールス信号《しんごう》をおぼえてしまいました。何人《なんにん》もの人《ひと》が集《あつ》まった中《なか》でも、いすのひじかけやテーブルをそっとたたいて、二人《ふたり》だけで話《はなし》をすることができます。

「このあと、森《もり》を散歩《さんぽ》しに行《い》きませんか。」

「それはいいですね。お天気《てんき》もいいし。」

エジソンとマイナは、そっと目《め》を見《み》かわしてほほえみました。ほかの人《ひと》には知《し》られない、二人《ふたり》だけの会話《かいわ》です。こんなやりとりが、エジソンとマイナの心《こころ》を、ぐっと近《ちか》づけました。

ある時《とき》、エジソンはマイナに、信号《しんごう》を送《おく》りました。

「ぼくと、けっこんしてくれませんか？」

マイナは、ちょっとおどろいたようでしたが、すぐに返事《へんじ》をくれました。やはり、モールス信号《しんごう》の返事《へんじ》です。

「はい、よろこんで。」

こうして、エジソンは、マイナとけっこんしました。マイナはまだわかく、エジソンとは年《とし》がずいぶんはなれていました。けれども、よく気《き》がつくマイナは、エジソンのことをよくわかってくれて、研《けん》

究《きゅう》に熱中《ねっちゅう》するエジソンの生活《せいかつ》やけんこうを、ずっとささえてくれました。

気持《きも》ちも新《あたら》しくなったエジソンは、研究室《けんきゅうしつ》をウエストオレンジという所《ところ》にうつしました。発明《はつめい》や研究《けんきゅう》が進《すす》むにつれて、これまでの研《けん》究室《きゅうしつ》がせまくて使《つか》いにくく感《かん》じていたからです。

新《あたら》しい研究所《けんきゅうじょ》は、れんがでできた立派《りっぱ》な建物《たてもの》でした。三階《かい》だての本館《ほんかん》のほかに、四《よっ》つの建物《たてもの》もならんでいます。それをながめていると、エジソンの中《なか》に、やる気《き》と勇気《ゆうき》がわいてくるようでした。

「よし、どんどん発明《はつめい》をするぞ！　世界中《せかいじゅう》のみんなをおどろかせ、よろこばせるような物《もの》を作《つく》るんだ！」

エジソンは、心《こころ》にちかいました。

17 キネトスコープとキネトグラフ

エジソンは十年《ねん》ほど前《まえ》（一八七七年《ねん》）に、音《おと》を記録《きろく》して、あとで聞《き》ける、蓄音機《ちくおんき》という物《もの》を発明《はつめい》しました。それをさらに使《つか》いやすい形《かたち》に変《か》えながら、心《こころ》には、もう次《つぎ》の考《かんが》えがうかんでいました。

「音《おと》をとっておくように、目《め》で見《み》た物《もの》をとっておいて、いつでもすきな時《とき》に見《み》ることができたらいいなあ。それも写真《しゃしん》のように動《うご》かない物《もの》ではなく、見《み》た時《とき》と同《おな》じように、動《うご》いている形《かたち》で。」

この時代《じだい》には、写真《しゃしん》という物《もの》はすでにありましたが、エジソンは動《うご》いて見《み》える写真《しゃしん》があれば、楽《たの》しいだろうと考《かんが》えていたのです。

ある時《とき》、エジソンはマイブリッジという人《ひと》がとった馬《うま》の写真《しゃしん》を見《み》ました。

走《はし》っている一頭《とう》の馬《うま》を、二十四台《だい》のカメラで次《つぎ》つぎにとったものです。馬《うま》の走《はし》る動《うご》きが、つづいて写《うつ》っています。

その写真《しゃしん》を、つづけて見《み》ると、まるで馬《うま》が動《うご》いているように見《み》えます。

「これだ！　この方法《ほうほう》をなんとか

うまく生《い》かしてみよう！」

エジソンは、さっそく研究《けんきゅう》と実験《じっけん》を始《はじ》めました。

「本当《ほんとう》に動《うご》いているように見《み》えるには、たくさんの写真《しゃしん》を、もっと速《はや》く動《うご》かさなければいけない。」

けれども、そうすると、こまったことが起《お》こります。そのころの写真《しゃしん》は、ガラス板《いた》にやきつけて、うつしていました。すばやく何《なん》まいもつづけて動《うご》かすには、ガラス板《いた》は重《おも》すぎます。

すると、運《うん》よくすばらしい知《し》らせが入《はい》りました。ニューヨークで、新《あたら》しい、＊1セルロイドの＊2フィルムができたというのです。そのフィルムを使《つか》って写真《しゃしん》をうつす方法《ほうほう》は、あっというまに広《ひろ》がりました。

「軽《かる》くて、くるくるまくことができるフィルム！　これなら、すば

＊1セルロイド…1850年代《ねんだい》に開発《かいはつ》されたプラスチックの一種《しゅ》。熱《ねっ》するとやわらかくなるなど、加工《かこう》しやすいことから当時《とうじ》はさまざまな物《もの》に用《もち》いられた。＊2フィルム…写真《しゃしん》をとるための材料《ざいりょう》。プラスチックなどでできたとう明《めい》のうすいまくに薬品《やくひん》で加工《かこう》してつくる。

やく動《うご》かすことができる。わたしの考《かんが》えにぴったりの物《もの》だ！」

エジソンは、さっそくこのフィルムに写真《しゃしん》をいくつもつづけて、さつえいするきかいを作《つく》りました。これが、キネトグラフという物《もの》です。また、このキネトグラフでさつえいした写真《しゃしん》を「動《うご》く写真《しゃしん》」としてうつしだすきかいも作りました。それがキネトスコープです。

→ひとつの動《うご》きを、フィルム上《じょう》で続《つづ》けて写真《しゃしん》にとる。

さつえいされた写真《しゃしん》は、下《した》から光《ひかり》をあてられ、箱《はこ》の中《なか》で次《つぎ》つぎにうつしだされます。その箱《はこ》をあなからのぞきこむと、写真《しゃしん》が動《うご》いて見《み》えるのです。

エジソンは、人《ひと》びとをまねいて、キネトスコープを見《み》る会《かい》を開《ひら》きました。

「おお、まるで本物《ほんもの》みたいに、動《うご》いて見《み》える！」

「もしかして、箱《はこ》の中《なか》に、小《ちい》さな人《ひと》がいるんじゃないか？」

おどろきとよろこびで、そんなじょうだんをいう人《ひと》もいます。

この発明《はつめい》は、たちまち広《ひろ》まって、大人気《だいにんき》になりました。

アメリカのほとんどのきっさ店《てん》＊に、このきかいがおかれ、たくさんの人《ひと》びとの楽《たの》しみの一《ひと》つとなりました。

＊きっさ店《てん》…コーヒーや紅茶《こうちゃ》など、飲《の》み物《もの》を出《だ》すお店《みせ》。カフェ。

日本でも、キネトスコープは、電気《でんき》を使《つか》った「のぞきからくり」*として、ひょうばんをよびました。

このきかいは、その後何度《ごなんど》も作《つく》りかえられて、音《おと》もついた「キネトフォン」という物《もの》になりました。

そして、さらに研究《けんきゅう》が重《かさ》ねられ、今《いま》の映画《えいが》のもとになっていきました。

*のぞきからくり…箱《はこ》の中《なか》をのぞいて次《つぎ》つぎに変《か》わる絵《え》を見《み》る装置《そうち》。江戸時代《えどじだい》ごろから、楽《たの》しまれていたとされる。

18 発明王《はつめいおう》エジソン

エジソンは、発明王《はつめいおう》として、世界中《せかいじゅう》に知《し》られるようになっていました。新聞《しんぶん》やざっしに記事《きじ》がのったり、写真《しゃしん》がのったりして、人《ひと》びとの話題《わだい》となりました。

「発明王《はつめいおう》エジソンは、えらい人《ひと》なんだ。」

みんなが、口《くち》ぐちにそう言《い》います。たしかに、たくさんの発明《はつめい》をするエジソンは、すごい人《ひと》です。けれども、実験《じっけん》や研究《けんきゅう》以外《いがい》のことには、あまり気《き》がつかなかったり、うっかりしていることが、よくありました。

研究《けんきゅう》に夢中《むちゅう》になると、家《いえ》に帰《かえ》ることもわすれます。

「はい、これが、着《き》がえです。それから、お弁当《べんとう》。」

おくさんのマイナが、時《とき》どき研究室《けんきゅうしつ》にやってきます。

「あ、そうか。ぼくはもう、三日《みっか》も家《いえ》に帰《かえ》っていないんだった。」

そこでやっと気《き》がつくエジソンでした。

食事《しょくじ》やおふろに入《はい》ることも、わすれることがあります。よく気《き》がつくマイナが、そんなエジソンを、助《たす》けていました。

エジソンは、実験《じっけん》や研究《けんきゅう》がつづくと、一晩中《ひとばんじゅう》ねないでいることも、よくあります。そのかわり、いつでもどこでもねむることができました。かたいつくえの上《うえ》でも、ゆかにねるのも平気《へいき》です。

ある時《とき》、エジソンは、つくえの上《うえ》のぶあつい本《ほん》に頭《あたま》をのせて、ね

むっていました。
研究室《けんきゅうしつ》の仲間《なかま》が、それを見《み》て、からかうようにいいました。
「かれは、ねむっていても、頭《あたま》から本《ほん》の中身《なかみ》をすいこんでいるんだよ。」
「さすが、エジソンだ。」

そういって、わらいあっていました。

また、エジソンは、おかしなことをいって、人《ひと》をびっくりさせたり、わらわせたりすることが、大《だい》すきでした。

「今度《こんど》は、どんなことをいって、わらわせてやろうかな？」

エジソンは、そのために考《かんが》えたことを、たくさんメモに書《か》いていました。実験《じっけん》のノートのはしにも、そんなことを書《か》きのこしています。

こんな話《はなし》があります。

アメリカではそのころ、エイプリルフールが、はやっていました。

毎年《まいとし》、四月一日《がつついたち》には、おもしろいうそをいって、みんなで大《おお》わらい

しようというのです。エジソンも、エイプリルフールとして、新聞《しんぶん》記者《きしゃ》にいいました。

「ぼくはね、空気《くうき》と水《みず》と土《つち》だけで、ビスケットと肉《にく》と野菜《やさい》を作《つく》るきかいを発明《はつめい》したんだよ。すごいだろう。」

わらいたい気持《きも》ちをかくして、まじめな顔《かお》で、エジソンはいいました。

ところが、新聞記者《しんぶんきしゃ》は、それをしんじて、新聞《しんぶん》にのせてしまったのです。

読《よ》んだ人《ひと》たちも、本当《ほんとう》だと思《おも》ってしまいました。

「あのエジソンなら、そんなきかいも、作《つく》ることができるにちがいない。」

だれもが、そう思《おも》ったのです。
エジソンは、あわてました。
そして、新聞記者《しんぶんきしゃ》にわけを話《はな》して、急《いそ》いでまちがいだったという記事《きじ》を出《だ》してもらいました。
エジソンが、人《ひと》をからかうのがすきだったことが、よくわかります。そして、世《よ》の中《なか》の人《ひと》びとからは、エジソンはどんなことでもできるすごい人《ひと》だと思《おも》われていたことも、よくつたわってくる出来事《できごと》でした。

AIR
BISCUIT
MONDAY, APRIL 1, 1878,
A FOOD CREATOR
EDISON INVENTS A MACHINE THAT WILL FEED THE HUMAN RACE!
MANUFACTURING BISCUIT, MEAT, VEGE-
TABLES AND WINE OUT OF AIR,

19 親友《しんゆう》は自動車王《じどうしゃおう》

研究《けんきゅう》や発明《はつめい》がどんどんふえていくのに合《あ》わせて、エジソンは、いくつもの会社《かいしゃ》を作《つく》っていました。
ある日《ひ》、エジソンは、その中《なか》の一《ひと》つの会社《かいしゃ》ではたらく若者《わかもの》を、しょうかいされました。ヘンリー・フォードという名前《なまえ》のその若者《わかもの》は、エジソンの前《まえ》で、いきいきと、声《こえ》をはずませていいました。
「ぼくは今《いま》、自動車《じどうしゃ》について、ゆめをもっています。自動車《じどうしゃ》を、もっと手《て》に入《はい》りやすくして、みんなが自由《じゆう》に乗《の》れるような物《もの》にしたいと思《おも》っているのです！」

自動車《じどうしゃ》は当時《とうじ》、一部《いちぶ》の人《ひと》しか持《も》てない、高級品《こうきゅうひん》でした。

エジソンは、フォードの一生《いっしょう》けん命《めい》な様子《ようす》に、心《こころ》を打《う》たれました。自分《じぶん》のわかいころに、どこかにているような気《き》がしたからです。

「それはすばらしいことだ。わたしも力《ちから》をかそう。がんばりなさい。」

あこがれの発明王《はつめいおう》にはげまされて、フォードはゆめのような気持《きも》ちでした。

フォードはまもなく、エジソンの会社《かいしゃ》をやめて、自動車《じどうしゃ》を作《つく》るための会社《かいしゃ》を立《た》ちあげました。そして、何度《なんど》かしっぱいしながらも、一歩一歩《いっぽいっぽ》ゆめに向《む》かってつきすすんでいきました。

エンジンを軽《かる》くして動《うご》かしやすくしたり、たくさん作《つく》ることで、ねだんを安《やす》くしたりして、くふうを重《かさ》ねました。そして、ついに、

これまでよりずっと買《か》いやすい自動車《じどうしゃ》を作《つく》りあげたのです。
「これなら、ぼくたちでも、がんばれば買《か》うことができる！」
「お金持《かねも》ちだけでなく、わたしたちでも、自動車《じどうしゃ》を持《も》つことができるんだわ！」

人《ひと》びとは、大《おお》よろこびです。エジソンに話《はな》したゆめを、フォードは、みごとにかなえてしまったのです。

一方《いっぽう》エジソンは、新《あたら》しい*蓄電池《ちくでんち》を発明《はつめい》し、電気《でんき》で走《はし》る「電気自動《でんきじどう》車《しゃ》」開発《かいはつ》にとりくんで、フォードとも力《ちから》を合《あ》わせたのでした。

*蓄電池《ちくでんち》…充電《じゅうでん》することで、くり返《かえ》し使《つか》える電池《でんち》。バッテリー。

親子《おやこ》くらい年《とし》ははなれていましたが、エジソンとフォードは、それからもずっとなかのよい友《とも》だちでした。おたがいの研究《けんきゅう》に意見《いけん》を出《だ》しあったり、いっしょにゴムの研究《けんきゅう》をしたこともありました。エジソンは、すぐれた発明家《はつめいか》であるだけでなく、まわりの人《ひと》にも、大《おお》きなはげましと力《ちから》をあたえたのでした。

仕事《しごと》だけに夢中《むちゅう》だったエジソンも、少《すこ》し年《とし》をとってからは、楽《たの》しみのための時間《じかん》をもつようになりました。フォードをはじめとする四人《にん》の仲間《なかま》とのキャンプも、その一《ひと》つです。

「さあ、今度《こんど》のキャンプは、おもしろいコースだよ。見《み》てごらん。」

広《ひろ》げた紙《かみ》には、びっしりと予定《よてい》が書《か》いてあります。どこに行《い》ってどんなことをするのか、計画《けいかく》を立《た》てるのは、いつもエジソンの役目《やくめ》でした。

乗《の》っていくのは、もちろんフォードの自動車《じどうしゃ》です。とくべつに作《つく》られた、料理《りょうり》をするための自動車《じどうしゃ》もありました。何台《なんだい》も自動車《じどうしゃ》をつらねて出《で》かけるエジソンたちのキャンプは、通《とお》る人《ひと》も立《た》ちどまってながめるほどでした。

町《まち》をはなれてキャンプ地《ち》に着《つ》くと、そこには風《かぜ》がふき、太陽《たいよう》の光《ひかり》があふれ、草《くさ》や木《き》のにおいでいっぱいです。

「ああ、なんて気持《きも》ちいいんだろう。」

草《くさ》の上《うえ》にねころがって、両手《りょうて》を広《ひろ》げてのびをすると、エジソンは、いつのまにかすやすやとねむっていました。わかいころから、いつも仕事《しごと》に追《お》われていたエジソンも、やっと一息《ひといき》つくことができたの

でした。
夜《よる》には、たき火《び》をかこんで、話《はなし》がはずみました。発《はつ》明王《めいおう》のエジソン、自動車王《じどうしゃおう》のフォード、それからゴム会社《がいしゃ》の社長《しゃちょう》、作家《さっか》と、それぞれが大変《たいへん》な仕事《しごと》をしてきた人《ひと》たちです。そこでの話《はなし》は、楽《たの》しいだけでなく、おたがいの研究《けんきゅう》に役《やく》に立《た》つこともありました。

20 世界《せかい》に広《ひろ》がるエジソンの光《ひかり》

時《とき》は流《なが》れて、一九二九年《ねん》、エジソンは、八十二歳《さい》になっていました。

この日《ひ》、十月《がつ》二十一日《にち》は、エジソンの電球発明《でんきゅうはつめい》から五十年《ねん》というおいわいの会《かい》があります。

エジソンと、おくさんのマイナは、あんないされて、ある列車《れっしゃ》に乗《の》りました。

「おお、これは！」

列車《れっしゃ》の中《なか》を見《み》たとたん、エジソンは、おどろきの声《こえ》をあげました。

「これは、あの時《とき》の列車《れっしゃ》ではないか！」

そうです。七十年前《ねんまえ》、エジソンが新聞売《しんぶんう》りをしていたころの列車《れっしゃ》です。ざせきもまども通路《つうろ》も、昔《むかし》のままでした。

エジソンは、なつかしくて、むねがいっぱいになりました。ざせきのせもたれやひじかけを、そっとなでてみました。そのあと、昔《むかし》、新聞《しんぶん》やサンドイッチをかかえて歩《ある》いたように、ざせきの間《あいだ》の通路《つうろ》を、ゆっくり歩《ある》いてみました。

となりの車両《しゃりょう》に行《い》くと、さらにおどろきました。

そこには、昔《むかし》、列車《れっしゃ》の中《なか》で実験《じっけん》をしていた時《とき》のように、薬品《やくひん》のびんや実験《じっけん》の道具《どうぐ》が、ならべてあったのです。

「おお、そうだった。うんうん、あのころのままだ！」

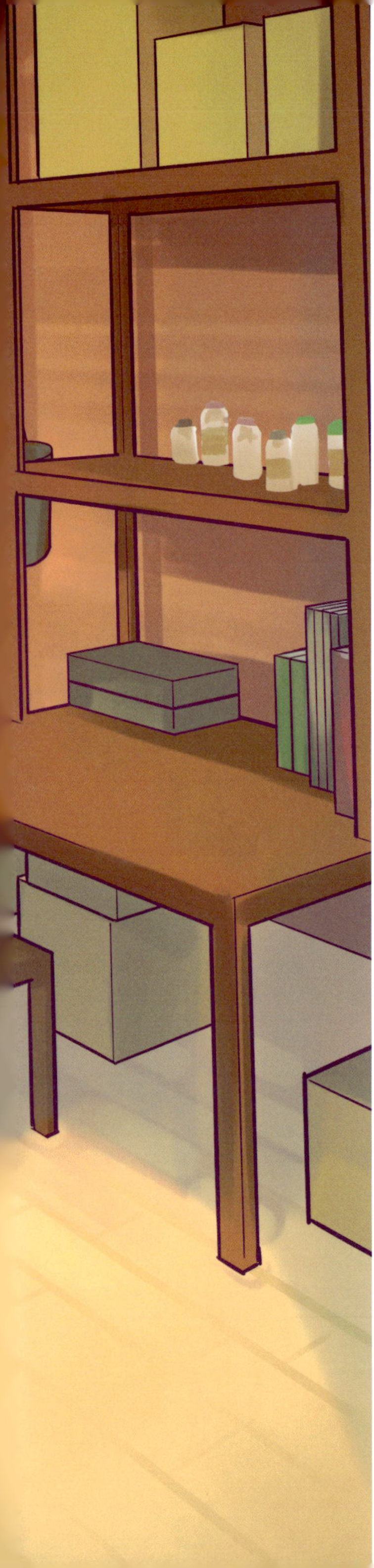

一《ひと》つ一《ひと》つさわっては、なつかしそうにため息《いき》をついていると、ぽんとかたをたたかれました。

「エジソンさん、どうです？　少年時代《しょうねんじだい》に、もどれましたか。」

仲間《なかま》たちが、まわりで、にこにこわらっています。

「わたしたちは、あなたのすごしてきた時間《じかん》、すばらしい発明《はつめい》へと続《つづ》く、その道《みち》のりをよみがえらせようと、駅《えき》や、古《ふる》い機関車《きかんしゃ》を手《て》に入《い》れました。」

そう言《い》ったのは、親友《しんゆう》の自動車王《じどうしゃおう》フォードです。

「これだけではありません。あなたが数《かず》かずの『魔法《まほう》』を生《う》みだしたメンロパークの研究所《けんきゅうじょ》も、よみがえらせましたよ。あなたの、発明《はつめい》に対《たい》するあつい気持《きも》ちを、のちの人《ひと》たちにも伝《つた》えたいからです。」

そのことばを聞《き》いて、エジソンの顔《かお》に、ほほえみがうかびました。そして、まんぞくそうに、なんどもうなずいていました。

エジソンは、だんだん年《とし》をとって、体《からだ》が弱《よわ》くなってきました。あちこちに、病気《びょうき》も出《で》てきました。それでも、マイナにつきそってもらいながら、毎日《まいにち》、研究室《けんきゅうしつ》に通《かよ》っています。

「わたしは、実験《じっけん》や研究《けんきゅう》をしていると、元気《げんき》になるような気《き》がする

んだよ。」

そのうち、ベッドでねていることが、多《おお》くなりました。エジソンは、いつもそばにいてくれるマイナにいいました。

「わたしは、たくさんの人《ひと》がよろこぶような発明《はつめい》をすることができた。もう、何《なに》も思《おも》いのこすことはないよ。」

一九三一年《ねん》十月《がつ》十八日《にち》の夜明《よあ》け前《まえ》、エジソンは、八十四歳《さい》の命《いのち》を終《お》えました。なくなる少《すこ》し前《まえ》、ねむっていたエジソンは、いきなり目《め》を開《あ》けて、マイナにいいました。

「向《む》こうは、とてもきれいだなあ。」

それが、最後《さいご》の言葉《ことば》でした。天国《てんごく》のゆめを、見《み》ていたのかもしれません。

その三日《みっか》あとの二十一日《にち》、「エジソンの日《ひ》」に、おそうしきが行《おこな》われました。

その夜《よる》は、アメリカ中《じゅう》が、一分《ぷん》の間《あいだ》、町《まち》の通《とお》りも、それぞれの家《いえ》も、明《あ》かりを消《け》しました。

そうやって、アメリカ中《じゅう》が、エジソンがなくなったことを、悲《かな》しんだのでした。

エジソンが発明《はつめい》した物《もの》は、ここにあげた物《もの》のほかにもたくさんあります。電気《でんき》トースター、電気《でんき》アイロン、それから、メガホンやガムテープも、エジソンの発明《はつめい》です。その数《かず》は、千以上《いじょう》もあります。

みんな、わたしたちのくらしをべんりにし、ゆたかにする物《もの》ばかり

です。

エジソンは、子《こ》どものころ、大変《たいへん》なききたがりでした。そして、おとなになってからは、何度《なんど》しっぱいしても、あきらめませんでした。次《つぎ》にはせいこうするだろうという、きぼうをもっていたからです。

「なぜ？」「どうして？」とたずねてばかりいた男《おとこ》の子《こ》は、たくさんの発明《はつめい》をして、世界《せかい》の発明王《はつめいおう》といわれる人《ひと》になりました。

何《なに》にでも興味《きょうみ》をもつ心《こころ》と、あきらめない強《つよ》い心《こころ》が、たくさんの発《はっ》明《めい》を生《う》みだしたのです。

ききたがりとあきらめない心《こころ》

早野美智代《はやのみちよ》

小《ちい》さな子《こ》どもは、みんな、ききたがり屋《や》です。

「これ、なあに？」「どうして？」「なぜ、そうなるの？」

何《なに》かを見《み》るたびに、きくたびに、そんなことをいいます。まわりの大人《おとな》は、答《こた》えるのにこまることもあります。そんなききたがり屋《や》だった小《ちい》さな子《こ》どもも、だんだん大《おお》きくなるにつれて、いつのまにか、ききたがり屋《や》ではなくなってしまいます。

エジソンは、そんなききたがりの気持《きも》ちを、だれよりも強《つよ》くもちつづけた人《ひと》でした。ききたがり屋《や》のエジソンは、やがて、自分《じぶん》の力《ちから》で答《こた》えを見《み》つけようとする知《し》りたがり屋《や》になりました。知《し》りたがり屋《や》のエジソンは、人《ひと》びとが何《なに》をほ

しがっているのかをさがしだそうとしました。そして、くりかえし努力《どりょく》を重《かさ》ねて、みんながよろこぶたくさんの発明《はつめい》を生《う》みだしていったのです。

発明《はつめい》がせいこうするまで、エジソンは、何度《なんど》も実験《じっけん》をくりかえしています。しっぱいも、かぞえきれないくらいけいけんしました。けれども、何度《なんど》しっぱいしてもあきらめない、強《つよ》い心《こころ》をもっていました。

エジソンは有名《ゆうめい》な言葉《ことば》をのこしています。

「九十九回《かい》しっぱいしても、百回目《ひゃっかいめ》にせいこうすることもある。」

「一万回《まんかい》しっぱいしても、それは一万回《いちまんかい》のうまくいかない方法《ほうほう》を見《み》つけたことなんだ。」

それは、「何度《なんど》でもためしてごらんなさい。きっとうまくいくこともあるわ。」という、お母《かあ》さんの言葉《ことば》にささえられたものです。

ききたがりとあきらめない心《こころ》、それが発明王《はつめいおう》エジソンの、力《ちから》のもとだったのかもしれません。

文　**早野美智代**（はやの　みちよ）

長崎県生まれ。創作童話の他、昔話の再話、伝記等を手がける。主な作品に、「母と子のおやすみまえのぬくもりの絵本」シリーズ（ナツメ社）、おもしろくてやくにたつ子どもの伝記シリーズ『ナイチンゲール』『ライト兄弟』（ポプラ社）などがある。

絵　**脚次郎**（あしじろう）

神奈川県出身。携帯用ゲーム会社で、ゲームイラストなどを担当。その後独立し、イラストレーターになる。動物が好きで、想像上のキャラクター、幻想的な世界を描くのが得意。著書に『10歳までに読みたい世界名作10巻　西遊記』（Gakken）などがある。

参考文献／『エディソン　世界を変えた科学者』（岩波書店）、『発明戦争　エジソンVS.ベル』（筑摩書房）、『エジソン』（国土社）、『快人エジソン　奇才は21世紀に甦る』（日本経済新聞社）、『エジソンの生涯』（東京図書）、『エジソン　20世紀を発明した男』（三田出版会）、『自動車王フォードが語るエジソン成功の法則』（言視舎）、『少年少女伝記文学館16エジソン』（講談社）、『日本の名薬』（東洋経済新報社）ほか。

やさしく読めるビジュアル伝記１巻

エジソン

2018年５月８日　第１刷発行
2025年３月18日　第８刷発行

文／早野美智代
絵／脚次郎
協力／バンダイミュージアム館長　金井正雄
　　　学研科学創造研究所所長　湯本博文

装幀・本文デザイン／ムシカゴグラフィクス
　　　　　　　　　（こどもの本デザイン室）
人物ガイド・エジソン新聞　絵／鳥飼規世

発行人／川畑　勝
編集人／高尾俊太郎
企画編集／岡あずさ　松山明代
編集協力／栗田佳織　株式会社アルバ
ＤＴＰ／株式会社アド・クレール
発行所／株式会社Gakken
　　　〒141-8416 東京都品川区西五反田2-11-8
印刷所／株式会社広済堂ネクスト

VEGETABLE OIL INK
この本は環境負荷の少ない下記の方法で製作しました。
●製版フィルムを使用しないCTP方式で印刷しました。
●一部ベジタブルインキを使用しました。
●環境に配慮して作られた紙を使用しています。

Brilliant Palette®

この本に関する各種お問い合わせ先
●本の内容については、下記サイトのお問い合わせフォームよりお願いします。
https://www.corp-gakken.co.jp/contact/
●在庫については　Tel 03-6431-1197（販売部）
●不良品（落丁、乱丁）については　Tel 0570-000577
学研業務センター
〒354-0045　埼玉県入間郡三芳町上富 279-1
●上記以外のお問い合わせは
Tel 0570-056-710（学研グループ総合案内）

NDC289　148P　21cm

学研グループの書籍・雑誌についての新刊情報・詳細情報は、下記をご覧ください。
学研出版サイト　https://hon.gakken.jp/

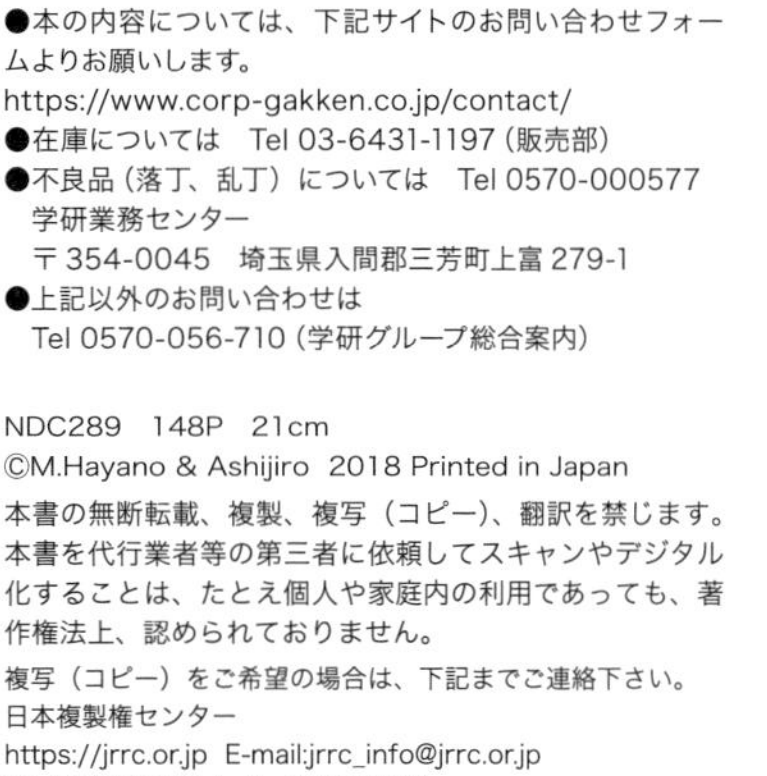

また会《あ》おう!